資本主義を改革する経済政策

支え合う社会研究会編

歌川　学　佐藤拓也　田辺麟太郎
村上研一　森原康仁

かもがわ出版

まえがき

人びとの暮らしと福祉を向上させるためにも、さらには日本の経済を立て直すためにも、資本主義の原理に踏み込んだ改革が必要ではないか。そのための経済政策を立案していくべき時期に来ているのではないか。改革の基本方向は経済のあらゆる分野における意思決定に人びとの参加を拡大していくことではないか――。本書は、そう考えた経済学者を中心にしたグループが、一年半をかけて議論を積み重ねた成果を世に問うものである。

二〇二〇年初春からのコロナ禍の中で、新自由主義がもたらした厄災の大きさを、多くの人びとが実体験することになった。市場への国家の介入を最小限にして、小さな政府、民営化、規制緩和などを推進する新自由主義は、人びとの命に直結する保健所をも縮小していたことに私たちは気づかされた。非正規雇用をはじめとする不安定雇用を放置していては、経済の短期間の停滞でさえ最低限の暮らしを維持できない人びとを生み出すことも、誰の目にも明らかになった。

その結果、新自由主義に基づく経済政策を中止し、国家が人びとの暮らしと福祉を向上させるために積極的な役割を果たすようにすることは、現在の日本政治で大きな焦点となっている。政府与党がそれをできないならば、野党が協力し合って実現することが求められるだろう。

では、新自由主義を放棄することは、所得の再分配などを重視するそれ以前の経済政策に戻ることなのだろうか。もちろん、そういう点も大事である。しかし、新自由主義が世界で跋扈するようになったのは、それ以前の経済政策では資本主義が成長の軌道を描けなくなった現実の反映であった。その現実をふまえ、たとえ大量の「負け組」を生みだすことがあっても、豊かな「勝ち組」をつくりだすことで、そのおこぼれによって経済成長をはかるのが新自由主義の思想であった。

その想定通り、「負け組」も「勝ち組」も生まれた。労働者の実質賃金は低下する一方、企業の利潤率は史上最高値をつけている。ところが、新自由主義を信奉する人びとの当初の想定と異なるのは、経済の成長は実現しなかったことである。日本の大企業は、政府がゼロ金利などの手厚い支援策を講じても、設備投資を行い技術革新をはかって企業の成長をめざすことには関心を示さず、もっぱら非正規雇用の拡大やM&Aなどで当座の収益を確保することに終始しているのである。

こうして、新自由主義にもとづく政策もそれ以前の政策も、大きなカベにぶち当たっているのが日本と世界の現状だと言える。そのカベの正体を探り当てることなしに、日本経済の改革の方向を見いだすことはできない。

私たちは、そのカベの本質が、収益性(利潤)確保を何よりも優先する資本主義の原理にあると考える。めざす社会が資本主義の枠内にとどまる場合であっても、ポスト資本主義を志向する場合であっても、この原理にメスを入れ、改革していかなければ、現在の経済社会をよりよいものにしていくことはできない。新自由主義を克服するためにも、資本主義の限界と問題点への自覚が必要とされるのだ。

改革の基本方向は、この日本に生きるすべての人びとが、経済運営のあらゆる段階での意思決定に参加し、参加の度合いを次第に拡大していけるようにすることである。現在の資本主義経済においては、社屋や工場などの生産手段を所有する人びととその関係者が、収益の確保を基本的な原理にして決定を行う。労働者や立地自治体などは意見を聞かれることはあっても決定に参加することはできない。国のレベルでも、政府が設置する経済諮問会議のような場において、労働者や消費者の代表が末席を占めることがあるが、主導するのは国民全体からすれば一部に過ぎない財界やその意を受けた学者などである。そのような現状をあらゆるレベルで見直し、いわば個人の尊厳を基礎とした全員参加型のコミュニティ(共同体)の思想をもって、一歩一歩であっても日本社会に改革を加えていくべきではないだろうか。それが当研究会が掲げる「支え合う社会」に他ならない。所得の再分配にしても、一部が決めるのではなく、多くの人びとの関与で決めることが、内容の充実につながるだろう。
このような構想は、当会の実力からすれば、気宇壮大過ぎると批判されるかもしれない。実際、改革すべき分野は多岐にわたっており、本書でカバーしていない分野も多い。本書で論じたことについても、さらに深めるべきであるという自覚はある。しかし、日本経済の現状を放置しておいてはいけないという点では、多くの人びとと気持を共有することはできると確信する。本書が、そういう人びとの批判を受け、日本経済を改革していくための叩き台となれば、当会としてそれ以上に望むことはない。

二〇二〇年一二月　支え合う社会研究会

もくじ

資本主義を改革する経済政策

第４章　気候変動・気候危機、脱炭素・エネルギー自立転換と地域経済……131

第1章

日本経済は歴史的にどのような位置にあるのか

第１部　長期停滞の基本構造

１、日本経済の現状[1]

新型コロナウィルス感染症（ＣＯＶＩＤ–19）の世界的広がりを背景に、世界経済が縮小している。ＩＭＦは２０２０年の世界の実質国内総生産成長率をマイナス４・９％と予測する（２０２０年６月時点）。日本の同４–６月期の実質ＧＤＰも前期比マイナス７・９％、年率換算ではマイナス28・１％にも達している（２０２０年９月８日第２次速報値）。これに伴って雇用や労働、所得、中小企業経営など、深刻な被害を被っている人びとが多数おり、マクロの経済政策の前に、こうした人びとを直接の対象とした対策が緊急に求められる情勢である。

図１　各景気拡大期のGDP成長の比較（景気の谷＝1.0）

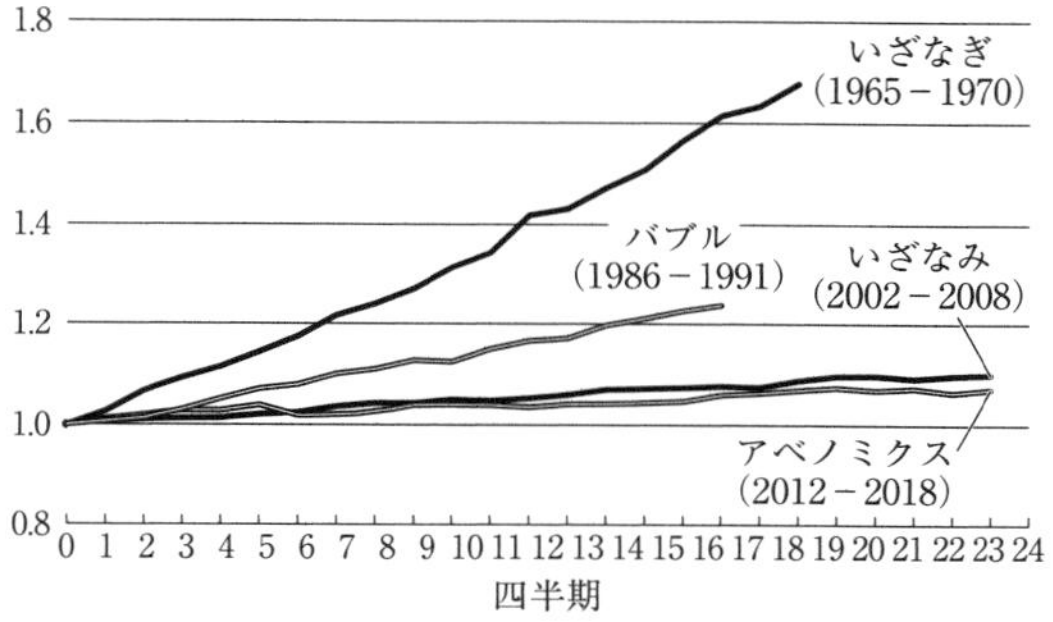

出所：「国民経済計算」1998年度（平成2暦年基準）、「四半期別GDP速報2020年4－6月期・1次速報」（2020年8月17日）、国内総生産（支出側）、実質季節調整値より作成。

表１　各年代の年平均実質GDP成長率

1956−59年	1960−69	1970−79	1980−89	1990−99	2000−09	2010−18
7.7%	10.4%	5.2%	3.8%	1.6%	0.5%	0.7%

注：各年の成長率の相乗平均によって算出。ただし、1956 ～ 59 年は 4 か年、2010 ～ 18 年は 9 か年の数値。
出所：「国民経済計算」1998 年度、2018 年度、国内総生産（支出側）より作成。

　とはいえ、現在の経済的な困難は、COVID‐19を契機として悪化したことはたしかであるが、それによって初めて引き起こされたものではない。日本では、アベノミクスによる景気拡大は、COVID‐19が広がる１年以上も前の２０１８年10月には終了していたことが明らかとなっている。[2] しかも、その間の成長率も、およそ景気拡大と呼ぶにはほど遠い低水準のものにすぎなかった（図１）。さらに遡れば、２００８年の世界的金融危機や２０１１年の東日本大震災による経済収縮に先立つ、２０００年代前半の史上最長の景気拡張である小泉政権期の「いざなみ」景気も、その成長率

図2　利潤率（非金融、全規模）

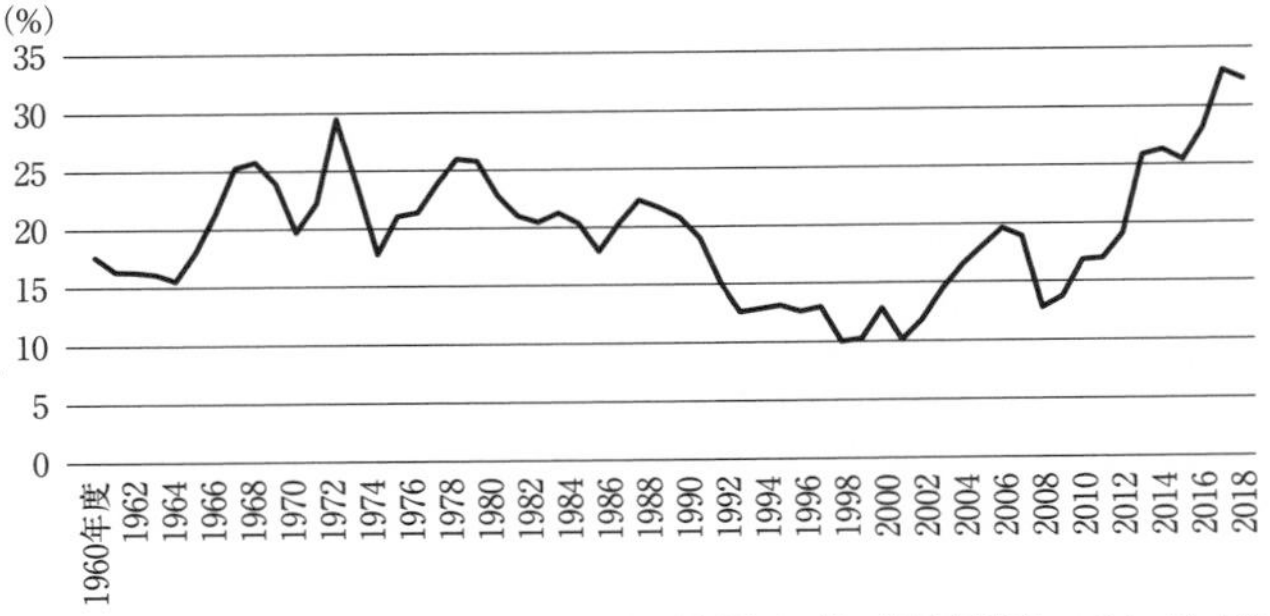

注：利潤率(%)＝(当期純利益＋役員給与＋役員賞与)／(前期末その他の有形固定資産＋ソフトウェア)×100
出所：「法人企業統計」より作成。

はアベノミクスとほぼ同水準の極めて低いものであった。

また、表1は、1990年代初頭のバブル経済の崩壊後、現在に至るまで約30年間、日本経済は実質成長率が極めて低い長期停滞が続いていることを示している。

ところが、長期停滞下の日本経済で、例外的に好調を保つ経済指標がある。企業の利潤率である。これは、企業が投資した資本がどれだけの利益を上げたかという比率である。種々の利潤率の指標があるが、大まかに言えば、2000年頃を境に上昇に転じ、その後は史上最高値と言える水準にまで到達している（図2）。

利潤率が上昇しているということは、普通なら景気も拡大していることを連想させる。しかし、2000年代は、賃金や消費などの諸指標は軒並み低迷するような、90年代から続く長期停滞の一部であった。逆に、もし経済が長期に停滞しているならば、企業の利潤率もそれに伴って低迷し続けると普通は考える。ところが、現代の日本経済は、長期停滞にもかかわらず、企業の利潤率だけが上昇するという、きわめて歪んだ様相を呈しているのである。

この歪んだ現象にこそ、現代の資本主義が根本的に持つ矛盾が現れている。ここにアプローチすることは、現代の日本で人びとの生活が一向に良くならず、経済政策も効果がなく事態を悪化させるだけであるということの、根本原因を明らかにすることにつながる。

2、利潤率上昇の要因

本節では、長期停滞下での利潤率上昇という現象に焦点をあて、それがどのようにしてもたらされているのか、また、それがどのような問題を引き起こしているのかを明らかにする。

図2は、１９６０年代から現在に至る利潤率の推移である。１９８０年代後半のバブル経済までは、おおよそ20％台で推移してきたが、バブル崩壊によってそれが急落する。ところが、２０００年代初頭頃から急回復し、今や１９６０年代の高度成長期を凌駕する高水準に達してい

る。２０００年代初頭といえば、小泉構造改革の名のもと、経済財政諮問会議を司令塔とした規制緩和が推し進められ、不良債権処理が本格的に実施されていった時期である。この時期から金融機関の倒産や再編、各産業では大規模な人員削減を伴うリストラが進み、１９９５年の日経連（当時）の「新時代の日本的経営」が提唱したような雇用の再編、すなわち非正規雇用の拡大が本格化していった。これらをまとめて新自由主義と呼ぶこともできる。[3]

では、この時期以降、利潤率が上昇し続けている仕組みはどのようなものであろうか。そこで、まず、次の式を考える。

$$\frac{\text{利潤}}{\text{固定資本}} = \frac{\text{国内総生産}}{\text{固定資本}} \times \frac{\text{利潤}}{\text{国内総生産}}$$

ここで、左辺は固定資本に対する利潤の比率であり、利潤率の一種と見なすことができる。もちろん、利潤率とは、本来は投下された資本全体に対する利潤の比率であるから、その分母は、機械や設備、建物などの固定資本（固定資産）に限定されるものではない。そこには原材料に投下された資本や、労働力に投下された資本も含まれるべきである。[4] ただし、ここでは統計上の制約などから、この簡易化した指標を用いることにする。

右辺の第1項は、国内総生産の固定資本に対する比率である。これは、各年の固定資本ストックを活用して、どれだけの国内総生産が生み出されたのかを示している。もちろん、国内総生産は、人びとの労働が生み出した経済的な価値の合計であるから、固定資本である機械や工場が自ら経済的な価値を生み出すということはありえない。しかし、資本家の観点に立てば、どれだけの資本を固定資本として投下し、それによってどれだけの価値を労働者に生産させることができたのかということは、重要な指標である。この数値が高いほど、投下資本を節約しながら相対的により多くの価値が生産されたことになるから、資本を効率的に使用したことになるためである。したがって、この比率は「資本生産性」と呼ばれ、「労働生産性」に並ぶ指標とされることもある。右辺の第2項は、国内総生産のうち利潤がどのくらいの割合を占めるかを表している。国内総生産は、大雑把に言えば賃金と利潤として労働者と資本家に分配されるから[5]、第2項は「資本分配率」と言い換えてもよい。これは、「労働分配率」の対概念である。

すると、この式から分かるように、右辺第1項の資本生産性が高ければ高いほど、また第2項の資本分配率が高ければ高いほど、資本家にとって最も重要な経営指標である利潤率が上昇する、ということになる[6]。

ここで、右辺第1項の国内総生産と固定資本の比率である資本生産性を図3-1で見る。する

図 3-1　資本生産性＝国内総生産／固定資本ストック
（実質、1980 年＝ 1.0）

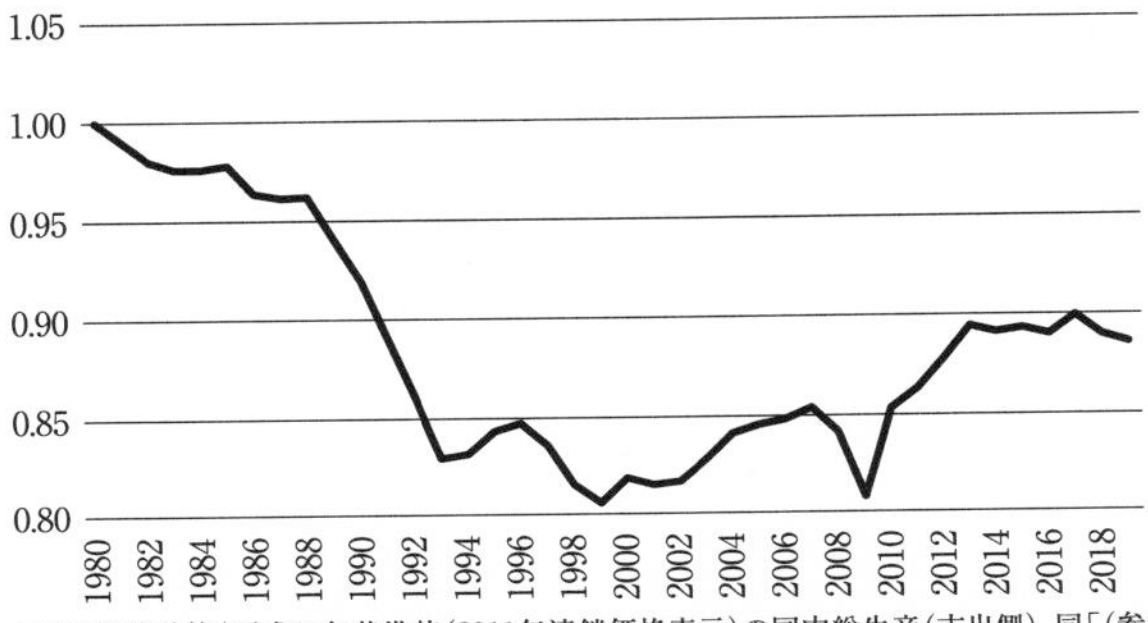

出所：「国民経済計算」平成23年基準値（2011年連鎖価格表示）の国内総生産（支出側）、同「（参考）四半期別固定資本ストック遡及系列（実質原系列）」の民間企業設備（10−12月期）より作成。

と、資本生産性は２０００年前後に下落から上昇へと反転していることが分かる。つまり、この頃を境に資本が効率的に使用されるようになり、より少ない資本でより多くの国内総生産を生み出せるようになったということである。資本生産性が２０００年頃から上昇しているということは、それだけ左辺の利潤率が上昇し易くなっていることを、意味している。

右辺第2項の資本分配率については、紙幅の制約で図は割愛するが、結論だけ述べれば、やはり２０００年頃から上昇しているので、そのこともまた利潤率を上昇させる要因である。

こうして、２つの要因が重なることで、日本経済では利潤率が急回復し現在に至っている。

図 3-2　国内総生産と固定資本ストックの対前年変化率
（実質、％）

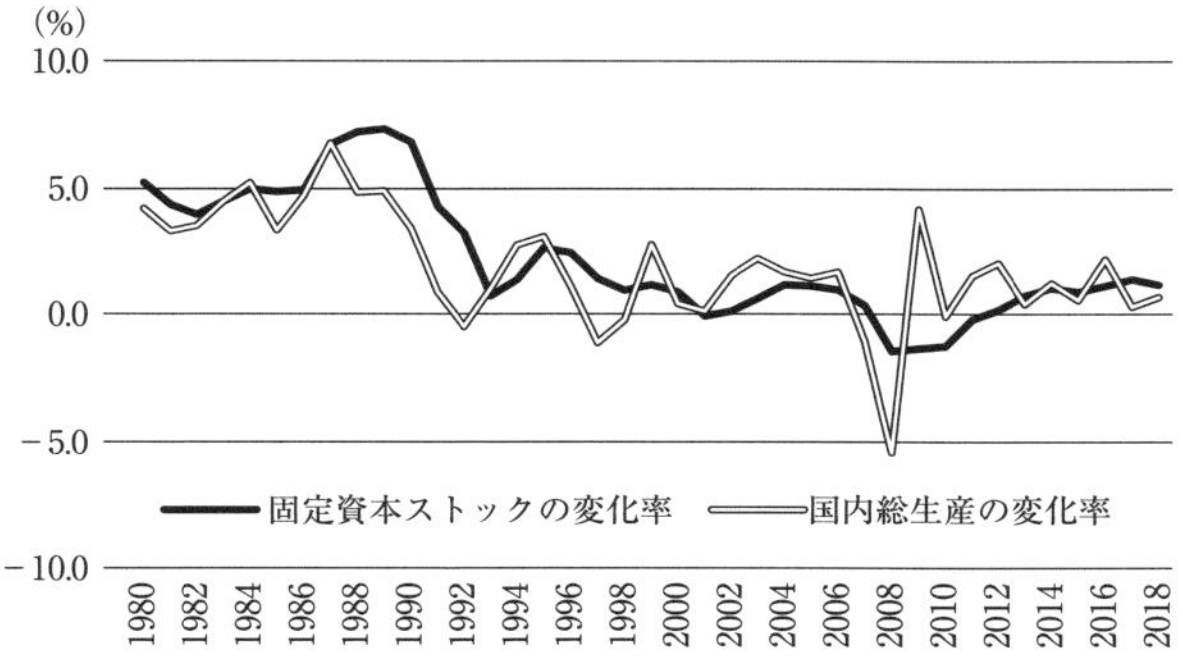

出所：「国民経済計算」平成23年基準値（2011年連鎖価格表示）の国内総生産（支出側）、同「（参考）四半期別固定資本ストック遡及系列（実質原系列）」の民間企業設備（10−12月期）より作成。

3、利潤率上昇がもたらす長期停滞

(1)投資抑制による資本生産性上昇

このように、利潤率の上昇という資本家にとっては好ましい結果をもたらす資本生産性の上昇であるが、それは、残念ながら、より多くの国内総生産が活発に生み出されたことで生じたものではない。表１でも確認し図３−２からも分かるように、国内総生産が２０００年頃以降に大きく増大したという事実はなく、むしろそれ以前よりも低い伸び率になっている。

では、なぜ国内総生産は伸びないのに、資本の効率的な使用を示す資本生産性は上昇したのだろうか。それ

図 4-1　利潤率と資本蓄積率（資本金10億円以上）

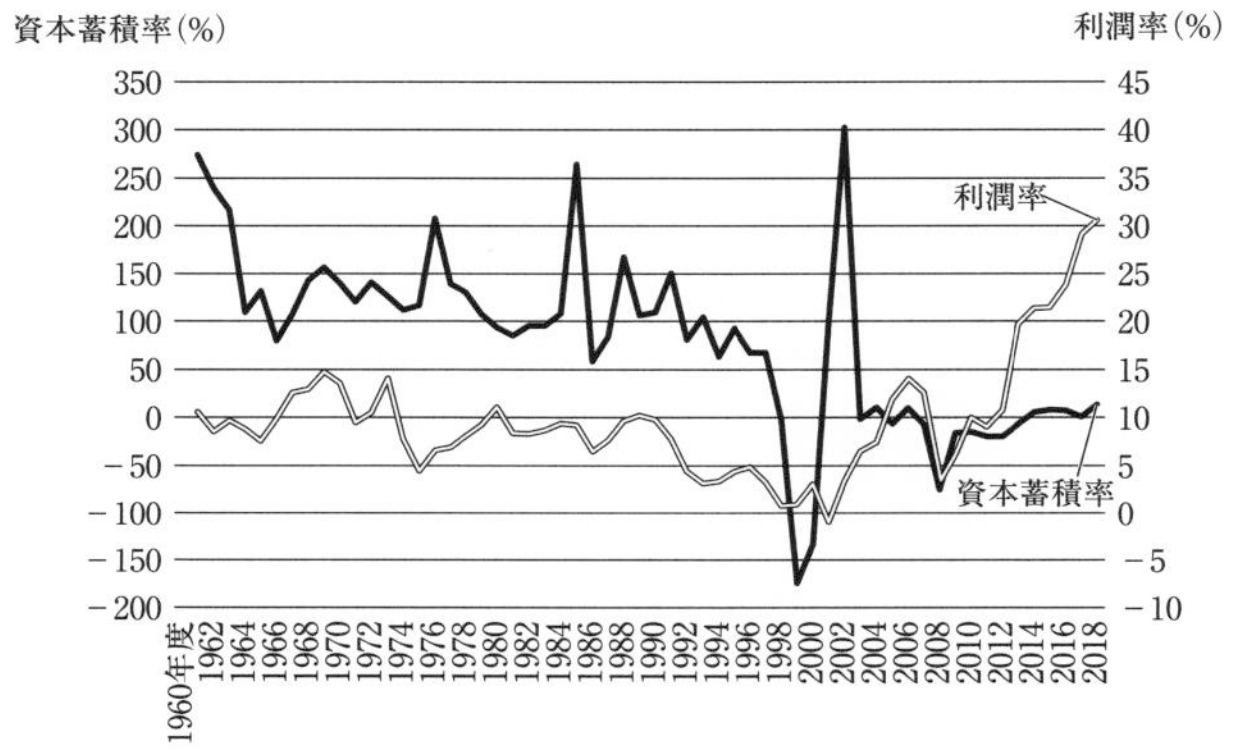

注：利潤率(%)は図2と同じ。資本蓄積率(%)＝有形固定資産とソフトウェアの対前年増分／(当期純利益＋役員給与＋役員賞与)×100
出所：「法人企業統計」より作成。

は、同じ図3‐2からすぐに分かるように、資本生産性の分母となる固定資本の伸びが、一層小さくなったからである。2000年頃以降、国内総生産は伸び悩んでいるが、それ以上に固定資本の伸びが小さくなったことで、結果として資本生産性が上昇しただけにすぎない。すなわち、利潤率上昇という資本家にとってプラスの成果をもたらす資本生産性の上昇は、国内総生産の増加というマクロ経済の活性化の結果によるものではない。むしろ、資本家は、固定資本の伸びを徹底的に抑制することで、資本生産性を上昇させることに成功し、利潤率上昇という彼らにとって最も好ましい成果だけを得たのである。

(2) 投資抑制を主導する独占資本

図 4-2　利潤率と資本蓄積率（資本金 1000 万円～１億円未満）

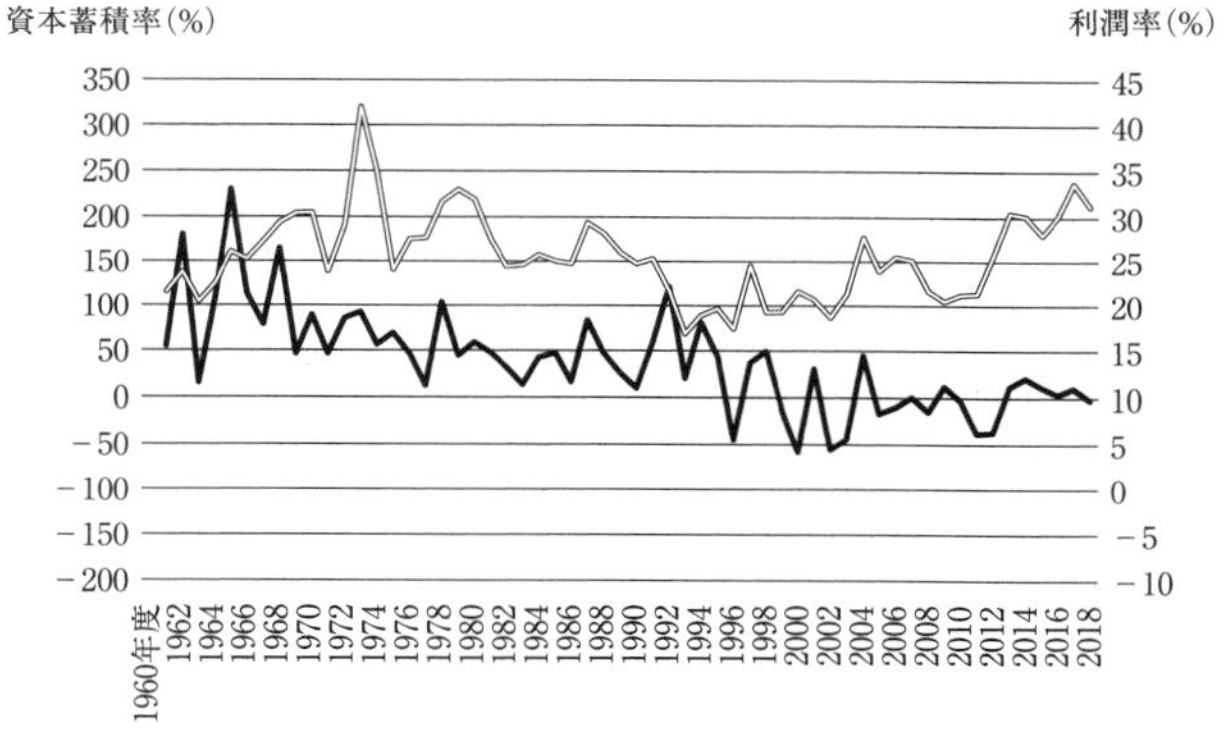

注：利潤率(%)は図2と同じ。資本蓄積率(%)＝有形固定資産とソフトウェアの対前年増分／(当期純利益+役員給与+役員賞与)×100
出所：「法人企業統計」より作成。

この投資抑制による利潤率上昇という手法は、いったい誰が主導しているのか。それは、主に大企業である。このことは、図４−１の資本蓄積率と利潤率のギャップから読み取れる。ここで資本蓄積率とは、利潤のうちどれだけの割合を純投資に費やしたかという割合のことである。純投資とは、その年の投資総額（粗投資）から、その年の減価償却費を差し引いた差額のことであり、つまり固定資本ストックの純増分を表している。

図４−１からは、資本金規模10億円以上の大企業が、２０００年頃以降、利潤率を急上昇させ、高度成長期(１９６０年代)やバブル経済期(１９８０年代)を遥かに上回る水準に達する一方で、資本蓄積率は１９９０年代半ばまでは１００％を超えることも多

かったのが、現在ではしばしばマイナスになるほどにまで、落ち込んでいることが分かる。資本蓄積率がマイナスということは、固定資本が増大しないことを意味するから、かえって、先に見た資本生産性を上昇させ易くなり、これが利潤率の上昇をもたらす。ところが、そうして上昇した利潤率の下で、その利潤は肝心の資本蓄積(純投資)には用いられないという構図が続くのである。

現代の大企業の多くは、同一市場で数社しか存在しえないような、独占的な企業である。一般に独占的な大企業は、活発な投資拡大を梃子にした価格競争ではなく、少数の巨大企業間で投資を抑制し、価格をできるだけ安定的に保って、高利潤を維持しようとする。

これに対して、こうした特異な投資抑制は、中小企業には選択しにくい。なぜなら、投資の抑制は、技術革新を停滞させ、しばしば労働生産性の下落を伴うからである。独占的な市場支配力を持たない中小の資本は、技術革新を伴う投資拡大によって労働生産性を上昇させ、商品をより安く生産することで競争に勝つしかない。もっとも、図4-2の資本金1億円未満の中小規模の企業も、近年、たしかに資本蓄積率は低下している。しかし、それは大企業のように増大し続ける利潤を投資に回さないのではなく、同図から分かるように、そもそも投資すべき利潤があまり回復していないという背景があるためである。[7]

図５　粗投資と純投資、減価償却費

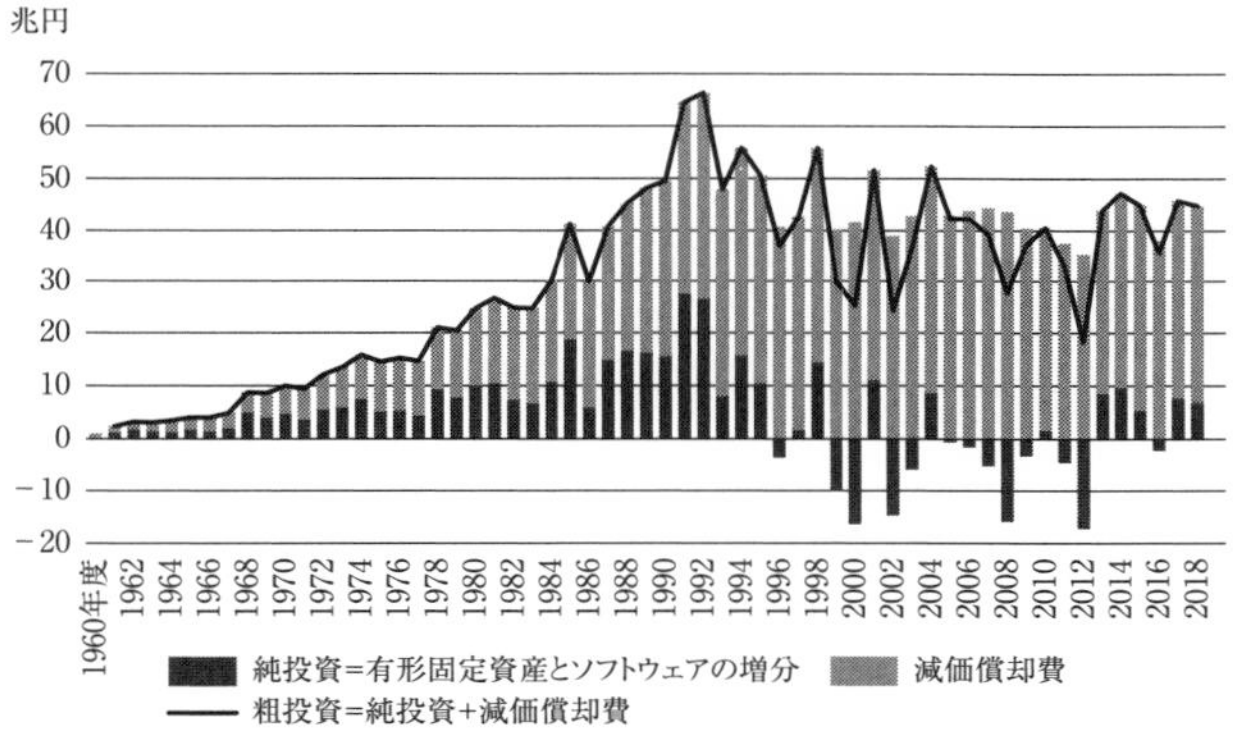

出所：「法人企業統計」より作成。

(3) 長期停滞とその矛盾

さて、こうした投資の抑制は、これまで述べたように大企業を中心に利潤率の上昇をもたらしてきたが、その代償として日本経済の長期停滞という深刻な問題を引き起こす。

図５は、年々の減価償却費と粗投資の比較である。純投資がプラスである年は、同じ年に償却した機械や設備等の額を上回って、新たな機械や設備等が設置されたことを示している。つまり、そうした年には、資本が増大し拡大再生産となっている可能性が高い。[8]

ところが、この図５によれば、１９９０年代後半以降、多くの年で純投資はマイナスであり、プラスであっても極めて小さい。つまり、縮小再生産かせいぜい単純再生産に留まる年が多いということである。こうして、資本家の投資抑制の態度は、一方での利潤率上昇と引き換えに、日本経済に長期停滞をもたらすことになった。そして、この長期停滞が、以下のような多大な犠牲を生み出してきた。

第1に、雇用と賃金への打撃である。普通、資本蓄積が行われると、設備や機械だけでなく、雇用の増大を伴う。もちろん、機械化が進めばそれだけ雇用の伸びは相対的には鈍化するが、それでも資本蓄積が一定程度進めば雇用の増大をもたらす。ところが、日本では、2000年前後から資本蓄積が鈍化し、これが雇用の増大の鈍化ももたらしている。これにより、少子化で労働力「不足」が叫ばれているにもかかわらず、一向に賃金が上昇しない。加えて、たとえ雇用が増大しても、そこで増大するのは非正規雇用だけである。正規雇用者数は1997年をピークに、その後、現在に至るまで当時の水準を回復することはない。安価な非正規雇用が拡大することは、正規雇用の賃金にもその引き下げ圧力となる。

こうした賃金の引き下げは、資本家にとっては好都合である。これまで見てきた投資の抑制は、一般に技術革新を鈍化させるが、そのことは、近年広く指摘されているように、日本の労働生産性の上昇率を鈍化させる。[9] もし、労働生産性が上昇しているならば、資本家は、実質賃金の上昇をある程度許容する。労働生産性上昇率が実質賃金上昇率を上回る限り、労働分配率は低下させられるからである。ところが、日本の労働生産性は、資本家が投資を怠っているために伸び悩んでいる。それでも資本家は労働分配率の上昇は受け容れないから、結局、実質賃金の引き下げという労働者にとってより犠牲の大きい方法を用いて、労働分配率の引き下げを実現してきたのである。

もちろん、現役の労働者に対して、実質賃金の引き下げを呑ませることは簡単ではない。しかし、上に見たように、１９９０年代末以降、雇用総数がほとんど伸びないなかで、正規雇用の縮小と非正規雇用への置き換えが急速に進んでいる。これにより、社会全体としてみれば、実質賃金を引き下げ易くなる。実際、実質賃金指数は、正規雇用者数とちょうど同じく１９９７年がそのピークであった。

そして、労働分配率の引き下げとは、先の式右辺第2項の資本分配率の引き上げの別表現である。資本家が投資を抑制して、同右辺第1項の資本生産性を上昇させて利潤率を上昇させていたことはこれまで述べた通りである。ところが、この投資の抑制が、技術革新を遅らせ、労働生産性を伸び悩ませる。そこで資本家が採用した対策が、これだけ長期にわたって実質賃金を引き下げるという、かつてない手法を用いた資本分配率の引き上げである。これが、右辺第2項の上昇というもう1つの経路を通って利潤率を上昇させたのである。

第2に、こうした雇用の伸び悩みは、先に見た国内総生産の伸び悩みとなって現れる。雇用が伸びなければ、労働が年々に生み出す経済的な価値も増大しないからである。もちろん、労働生産性が上昇していればその限りではないが、労働生産性も上昇していないことは上に述べた通りである。しばしば「少子化による成長鈍化」と言われるが、それは「少子化」そのものよりも、経済的な価値を生産する雇用が縮小していることによる成長鈍化である。

他方、雇用や賃金の低迷は消費の低迷に直結する。一国経済における需要の最大項目である消費が伸びなければ、需要面（支出面）から国内総生産の伸び悩みをもたらす。そして、国内総生産が伸びないので、企業は、これまで見てきたように、固定資本の増大をますます抑制して、資本生産性の上昇を通じた利潤率上昇を追求する。こうして、長期停滞の下で利潤率だけが上昇するという、きわめて不健全な構造が再生産されるのである。

第3に、それでは、利潤率が上昇していれば企業にとっては良いことばかりかといえば、実はそうではない。既に触れたように、利潤の一部を機械や設備に追加的に投資するという資本蓄積がなければ、それに伴って生じるはずの技術革新も鈍化する。このことは、日本の企業や産業にとっても、その競争力を低下させることになる。これが、現在の日本経済が、世界的にも地位を低下させていることの根本原因である。電機、電子、自動車、情報といった分野で、中国や韓国、台湾に逆転を許し、アメリカへの遅れを広げている。「産業空洞化」がこの原因であると見る説も少なくない。もちろん、製造業の海外生産比率の上昇に見られるように、日本の産業が空洞化していることはその通りである。しかし、より深刻な問題は、日本企業は、国内と海外を合わせた投資や雇用を全体として抑制する下で、相対的に海外に多く投資しているにすぎないということにある。すなわち、単に国内投資が海外に流出したのではない[11]。

他方、こうして実体経済へ投資されなかった利潤は、唯一の投資先として株や債券等の金融資産へと流入する。これらは、株価を上昇させる要因になるが、ここでは、景気が良いから株価が上昇するのではなく、長期停滞で投資先がないから株価が上昇するという、これもまた歪んだ構図をもたらす。そして、株価が重視されればされるほど、翻って企業は株価上昇に直結するＲＯＥのような短期の利潤率を、より一層重視することになる。この短期の利潤率を上昇させるために、ますます生産設備や雇用への投資を抑制し、資金はますます金融市場に流れるという、まさに実体経済を軽視した金融化の悪循環が進む。

そして、こうした株価上昇に支えられて、企業は、たとえ個別の企業規模を拡大するような場合でも、本来の意味での資本蓄積を通じてではなく、Ｍ＆Ａすなわち資本の集中を通じた拡大を優先する。しかし、資本の集中それ自体は、当該の個別企業の規模を大きくしても、社会全体としては何ら生産規模や雇用規模を増やすものではない。

こうして、たしかに企業は利潤率の上昇を享受できるかもしれないが、それは自らの存立基盤自体も掘り崩す。実際、こうして生産を軽視し、金融への過度の偏重によって窮地に陥っているのがアメリカである。アメリカが5G通信基盤の整備において中国に対して大きな後れをとっていることは、こうした歪んだ経済の行く末を表している。もっとも、日本の経済的な状況は、そのアメリカの現状以下とさえ言える。

4、経済政策の矛盾

ここまで見てきた日本資本主義の現状を転換するような政策を打ち出すことは容易ではないが、これを考えていくことは現代の経済学の課題である。そこで、まずは最近の代表的な経済政策について、それが上に見た歪んだ経済構造から出てきたものであり、かつその歪みをより深刻にしてきたことを簡単に確認して、第2章以下への橋渡しとする。

(1)不良債権処理と構造改革・規制緩和

日本資本主義の大きな転換点となった２０００年前後とは、橋本構造改革から小泉構造改革へと推移していく時期であり、当時の最重要の経済政策の１つが、不良債権処理であった。１９９０年代初頭のバブル崩壊後、不良債権に対しては貸倒引当金を積むいわゆる間接償却が進められていた。しかし、当時の構造改革路線の推進者たちは、不良債権を銀行（貸手）のバランスシートから落とす文字通りの直接償却すなわち最終処理を主張し、これを国家権力を背景にして強行した。普通、これは金融機関側からの視点で、不良な「債権」を処理すると理解されるが、借手側から見れば、機械や設備、在庫等の経営資産の形態をとっている債務が無理やり返済させられたり、一部棒引きの上で残りの返済のために資産の売却等を迫られたりするものである。当然、中小企業等への打撃は甚大であったし、大企業でも債権放棄の条件として、あるいはバランスシートの「健全」化のために、リストラが横行した。

これを社会的総資本の観点で見ると、過剰な生産力を国家の力で強制的に整理縮小したということができる。一般に、恐慌や不況は、企業間の優勝劣敗を明らかにし、企業を倒産・整理させ、生産力も縮小させる。これによって資本主義は次の回復から景気拡大への準備が整うことになる。ところが、バブル崩壊後の１９９０年代は、過剰な生産力や設備が長く温存された。当然、設備の稼働率も上昇しないから、本章で見てきた資本生産性や利潤率も上昇しない。そこで実施されたのが不良債権処理、それもドラスティックな直接償却であった。これにより、過剰生産力がある程度整理されれば、生き残った相対的に力のある大企業にとっては、残った機械や設備の稼働率が上昇し、それは資本の効率的な使用を示す資本生産性を２０００年頃から上昇させ、そして利潤率上昇という恩恵をもたらすことになった。

ところが、こうした生産力の整理は利潤率の上昇をもたらしたものの、同時に競争力の源泉であるはずの必要な機械や設備等も失うことになり、結果として、先に指摘したような後の競争力の低下を招くことになった[12]。

そして、同時に進められたのが、企業のコストを削減して利潤率を上昇させるための一連の規制緩和、特に雇用分野における規制緩和である。しかし、これが非正規雇用の増大や実質賃金の低下をもたらして、生産力の低下と内需の縮小を通じて長期停滞を生み出したことは、先に指摘した通りである。これにより国内市場は伸び悩むから、企業はますます海外に依存せざるを得なくなるが、そのために必要な競争力は、上に述べたように既に失われつつあったので、１９８０年代までのように輸出で稼ぐこともはや不可能となっていく。

こうして、不良債権処理や構造改革、規制緩和といった一連の経済政策は、利潤率の上昇と引き換えの経済停滞の長期化という構図を、一層悪化させただけとなった。

(2)金融緩和政策

そこで、経済成長や景気回復の役割を過度に期待されたのが、金融緩和政策であった。バブル崩壊後の公定歩合の連続引き下げに始まり、90年代半ばの金利の自由化を経て、90年代末のゼロ金利政策、２０００年代前半の量的緩和政策、２００８年の世界的金融危機後の包括的金融緩和政策、そして２０１０年代のアベノミクスにおける量的・質的金融緩和、マイナス金利政策等である。ところが、この金融緩和政策がもたらしたものは、大量発行された国債やその他の証券を日本銀行が買い入れ、それと引き換えにマネタリーベース（特に日銀当座預金）は激増したものの、実体経済で使われるマネーストックの伸びは微々たるものであり、一向に経済を活性化させなかった、という事実だけである。

なぜ金融緩和政策が当初の目的を実現できないのか。それは、他ならぬ企業自身が、投資抑制による利潤率上昇という行動をとり続けているためである。投資を抑制し、その額も毎年の減価償却費に収まる程度にすぎないのに、誰が銀行から資金を借り入れるのだろうか。企業が借り入れない以上、いくら日銀がマネタリーベースを増やしても、世の中のマネーストックは増えようがない。こうして金融政策もほとんど見るべき成果を生まなかった。

(3)財政政策

最後に残された手段は財政出動である。マクロ経済理論から言えば、家計や企業で投資が低迷して貯蓄がそれを上回っている場合、政府または海外の貯蓄不足すなわち投資超過がこれをバランスさせる。近年、家計の貯蓄超過は縮小し、海外部門の投資超過すなわち日本の経常黒字は縮小しつつあるので、企業の投資停滞によって過剰となった資金は、政府が財政赤字で吸収して、企業に代わって支出していると言ってもよい。もし、政府が財政赤字の縮小を優先してその支出を縮小させれば、それだけGDPは縮小する。[13]

ただ、長期停滞下での実際の財政政策は、一方で経済成長を志向しながらも、常に財政再建をめざす緊縮財政との間で揺れ続けてきた。景気拡張や経済成長が必要とされる長期停滞下でも財政再建が求められ続けてきたことの理由については第2章で述べるが、ここでは、この間の財政政策の特徴をいくつか挙げておく。

第1に、先述の1990年代後半以降の不良債権処理とそれに伴う金融機関や大企業の救済では、「小さな政府」「民でできることは民へ」という建前とは真逆の強力な国家介入と、巨額の公的資金の注入が実行された。もちろん、これらの資金も、毀損せずに完済されれば必ずしも単純に財政負担となる訳ではないが、この時期から一層加速化する財政赤字は、およそ「小さな政府」とは言い難い様相を示し続けている。

第2に、こうした企業救済のために作られた「大きな政府」や財政赤字への対処としてとられるのが、緊縮財政である。たしかに、1990年代に、対米公約も背景に巨額の公共事業が実施された時期や、1999年や2009年といった金融危機後に民間投資がマイナスに落ち込んだ年などは、政府支出がGDP成長率に対してプラスの寄与度で一定程度景気を下支えしたとは言える。しかし、特に2000年代前半の小泉改革期は「小さな政府」路線が推進されたことで、その寄与度はほぼ毎年マイナスであったし、毎年100兆円に迫る一般会計歳出を維持したアベノミクス期でも、その実質経済成長への寄与度は微々たるものであった。

第3に、長期停滞下でも利潤率だけは上昇させるという企業の行動様式と軌を一にして、政府の歳入面でも、法人税や高所得者へは減税し、消費税だけを増税した結果、税収全体は伸び悩んで財政赤字は拡大し続けた。そして、財政赤字が拡大すればするほど、先の財政再建や緊縮財政がより強く意識されることになるが、歳出削減の対象は、資本の利益との関係が薄い社会保障や教育等の生活関連の分野となる。こうした歳入・歳出両面での資本重視の姿勢の強化が、さらなる消費抑制や格差拡大、生活維持の困難をもたらすこととなった。

今般のコロナウィルス感染症拡大もこの延長線上にある。突然の一斉休校から始まり、緊急事態宣言による経済、政治・文化、教育を含むあらゆる社会生活の強制閉鎖、その後も続く各種の「自粛」強要等は、十分な財政に裏付けられた検疫体制や医療体制、合理的対策が欠如していることを糊塗する役割を、果たしている。

（佐藤拓也）

（注）

1、第1部は、佐藤拓也「〝生産性の低迷〟とは何を意味するのか：日本資本主義の長期停滞」『経済』２０１９年９月号、新日本出版社、Sato, Takuya, "Japan's 'lost' two decades: a Marxist analysis of prolonged capitalist stagnation", in Guglielmo Carchedi and Michael Roberts(eds.), *World in Crisis: A Global Analysis of Marx's Law of Profitability*, Chicago: Haymarket Books, 2018 に基づいている。

2、内閣府経済社会経済研究所「景気循環日付（暫定）」２０２０年7月30日。

3、ただし、本書は、現代の日本経済の問題点の原因がすべて新自由主義にあると捉える立場はとらない。むしろ新自由主義とは資本主義それ自体の矛盾がより直接的に表れる政策であると捉えている。新自由主義への対抗軸のあり方については第2章で述べる。

4、他方、総資本利益率（ＲＯＡ）のように、分母に貸借対照表の総資産（総資本）を置くと、広く金融資産なども含むことになり、本来の事業に用いられる資本と遊休貨幣資本との区別がつかない。逆に、自己資本利益率（ＲＯＥ）では、分母に貸借対照表の自己資本だけが置かれるため、今度は、他人資本を借り入れて機械や設備などの機能資本として投下している部分を排除することになる。ここでは、本来、利潤率の分母には生産手段と労働力に投下された資本が置かれるべきとの理論的前提を踏まえつつ、統計上の制約から、生産手段のうち固定資本に限定して分母としている。詳しくは、佐藤、前掲論文、p.108 参照。

5、この他に固定資本減耗、税などとして分配される。

6、最近、企業が事業ごとの投下資本利益率（ＲＯＩＣ＝税引き後利益÷（有利子負債＋自己資本））を算出することを政府も推奨している（経済産業省「事業再編実務指針～事業ポートフォリオと組織の変革に向けて～」２０２０年7月31日）。ＳＤＧｓやＥＳＧの提唱にもかかわらず、現実は、ますます資本家的・投資家的視点が重視されていることの表れである。
7、なお、利潤率の絶対的な水準は中小規模の企業の方が高くなっているが、これは規模の小さい企業ほど、利潤に占める役員報酬や役員給与の割合が高いことが背景にある。
8、もちろん、より安価であっても最新鋭の機械や設備を導入することで、金額上の純投資はマイナスになっても、物質的な生産力が増大する可能性はある。
9、労働生産性と本章で見た資本生産性との詳しい関係についても、佐藤、前掲論文、参照。
10、現在、不採算事業の撤退や店舗の閉鎖によって投下資本を抑制することで投下資本利益率を上昇させ、それによって株価を上昇させる可能性があることも指摘されている（「『構造改革』銘柄に食指　コロナ前以上の業績期待」『日本経済新聞』２０２０年８月28日付（朝刊））。投資抑制による利潤率追求という構図が、またも繰り返されようとしている。
11、日本企業の国内と海外での投資や雇用の抑制については、佐藤拓也「現代資本主義の長期停滞とサービス経済化」『中央大学経済研究所年報』第50号、２０１８年10月、p.31－33を参照。
12、日本企業の競争力低下について、より詳しくは、本章の第2部を参照されたい。
13、これは、いわゆる貯蓄投資（ＩＳ）バランス論の観点によるが、これ自体は事後的均衡が常に成立するので、因果関係を示すものではない。

第２部　日本産業の基本傾向

第２部では、第１部で明らかにした資本主義の性格変化の下での日本産業の展開、さらにそれによる人びとの生活や地域社会、産業競争力への影響について明らかにする。

1、高度成長から収益性志向へ

(1)高度成長とその終焉

高度成長期、欧米からの技術導入によって新鋭重化学工業の生産力が構築され、資源輸入を前提に臨海工業地帯が形成された。1960年版『経済白書』で「投資が投資をよぶ」と言われたように、投資財・生産財の生産拡張が主導した成長は、内需から独立した巨大な生産能力形成につながった。新鋭設備で可能となった品質の高さによって国際競争力を獲得し、輸出が拡大した。他方、石油へのエネルギー転換、欧米流生活様式の普及も相まって、石炭など国内資源産業、農林漁業は衰退した。こうして資源やエネルギー、食料の輸入に必要な外貨を、重化学工業製品の輸出によって確保する産業・貿易構造が形成された。

日本の高度成長は1971年8月、米国が金ドル交換を一方的に停止したニクソンショックを発端とする世界情勢の激変の中で終焉した。金の裏付けを失ったドルの価値は不安定化、73年より主要国は変動相場制へと移行、為替レートは円高に推移し、日本の輸出にマイナスに作用した。日本では、円資金供給拡大によって円高を抑制する「調整インフレ」論を背景に金融緩和が続けられた。ドル価値の低落はドル建てで原油販売収入を得ていた産油国の収入の目減りを意味し、産油国の損失補償要求が原油価格高騰を招いた。エネルギーの石油依存度が高い日本では、金融緩和も相まって激しいインフレが生じ、これを阻止するため74年に政府・日銀が総需要抑制政策に転じたことで高度成長は終焉を迎えた。

表１　1975 ～ 85 年の輸出動向（実質ベース）

単位：億円

産業	1975年輸出額	1980年輸出額	75→80増加率	75→80寄与率	1985年輸出額	80→85増加率	80→85寄与率
電機	16,537	44,232	167.5%	28.6%	107,617	143.3%	46.8%
自動車	25,727	64,846	152.0%	40.4%	105,442	62.6%	30.0%
産業計	243,408	340,143	39.7%	100.0%	475,447	39.8%	100.0%

（注）１．「民生用電気機械」「電子・通信機器」「重電機器」「その他の電気機器・電気機械修理」部門のの合計を「電機」とした。
２．「自動車・同修理」部門を「自動車」とした。
３．「産業計」は産業連関表の「内生部門計」の取引額を示す。
出所：『1975 － 80 － 85 年接続産業連関表』より作成。

(2)「成功体験」としての「減量経営」と「経済大国」化

１９７０年代、先進各国は不況に陥ったが、日本経済はいち早く立ち直った。75年から85年に日本の実質国内総生産は２・23倍に増加、１人あたりＧＤＰは米国に匹敵する水準に達した。この間の国内総生産の支出項目別伸びは、輸出が２・28倍、民間最終消費は２・19倍、高度成長期には成長を主導した固定資本形成は１・80倍で、輸出が成長を主導したことが分かる。この間の実質輸出額を示した表１で、輸出総額の伸びに対する電機・自動車産業の寄与率合計は70年代後半に約70％、80年代前半に約80％となっている。一方、産業別の製造品出荷額の推移を示した図１では、70年代以降、鉄鋼、金属製品など素材産業の伸びが停滞した一方、電機・輸送機械など機械産業の伸びが続いている。このように、電機・自動車産業の輸出主導的成長が日本の「経済大国」化を実現させた。

電機・自動車産業の国際競争力強化は省エネ、雇用と設備投資の抑制、下請単価切下げなど「減量経営」を通じたコストダウンによるところが大

図１　鉱工業生産者出荷指数の産業別推移（2000 年＝ 100）

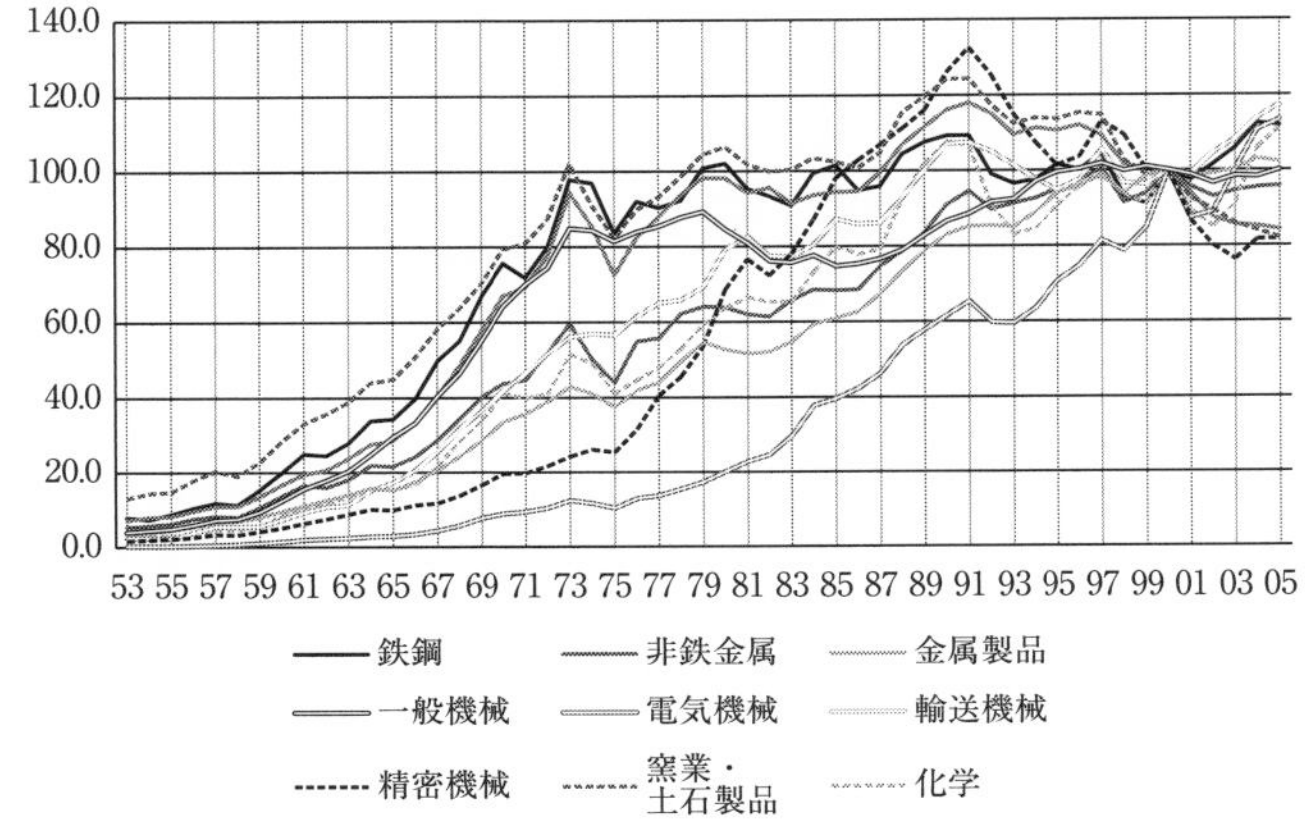

出所：経済産業省経済産業政策局統計調査部「鉱工業指数年報」各年版より作成。

きい。[1]　雇用面に関して、１９７５年から85年の電機・自動車産業の国内生産と従業者数の推移を示した図２では、国内生産が自動車で２倍、電機で４倍弱に拡大した一方、従業者数は両産業とも微増である。すなわち単位生産量あたり労働コストの大幅な削減が実現した。このように長時間・過密労働など労働者の負担によるコストダウンが、競争力強化、輸出増による不況克服と「経済大国」化を可能としたのだった。ただし、生産拡大に比した雇用抑制は、内需の伸びが供給拡大より小さくなることを意味し、日本産業の販路として輸出依存性が深化した。

　なお、この時期の日本産業への国家支援の意義は軽視できない。日本の電機製品の競争力は、ＩＣ部品を組み込んで自動制御など諸機能が付

図２　電機・自動車産業の生産額と従業者数（1975年＝100）

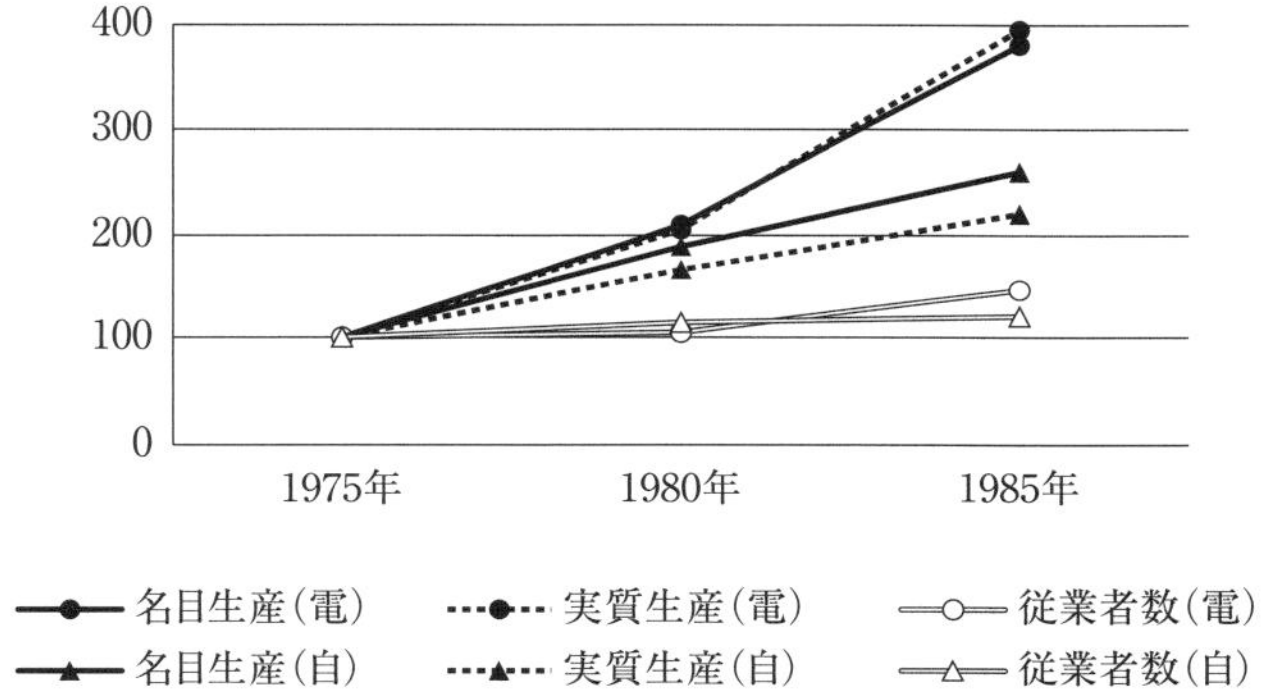

出所：「1975-80-85年接続産業連関表」および同「雇用表」各年版より作成。

加されたＭＥ機器が開発されたことで高まった。こうしたＭＥ化を可能とするＩＣ部品の小型・高性能化には、通産省が主導し大手電機メーカーが参加した超ＬＳＩ技術研究組合での成果が寄与した。他方、生産が停滞した素材産業など不況業種については、78年に制定された特定不況産業安定臨時措置法（特安法）に基づき、不況カルテルや過剰設備処理への税制・金融支援を通じ、企業の経営破綻を回避しつつ計画的に生産能力が調整された。併せて、公共事業や企業誘致、中小企業融資を通じて不況業種に依存した地域経済への支援をはかる特定不況地域中小企業臨時措置法、失業者の生活安定と再就職支援をはかる特定不況業種離職者臨時措置法も制定され、関連中小企業や地域経済、労働者への負の影響を緩和する政策的手段が講じられた。[2]

図３　「輸出大国」日本の産業・貿易構造

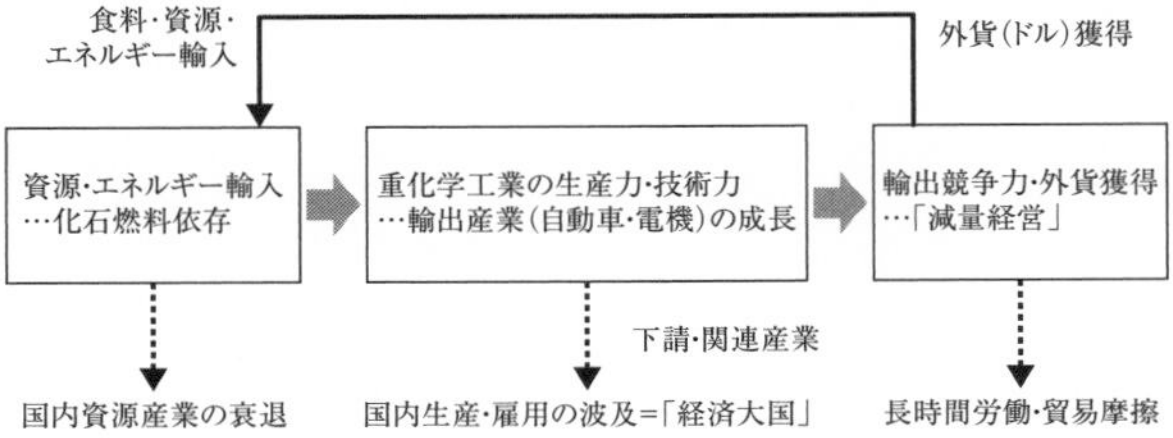

このような政策的支援と成長産業の分岐を通して、高度成長期以来の産業・貿易構造が一層深化した（図３を参照）。食料・資源・エネルギー輸入を前提し、「減量経営」を通じた競争力強化に成功した電機・自動車産業の輸出拡大は、経済成長を主導するとともに食料・資源・エネルギー輸入を可能とする。機械産業は国内の関連産業や下請企業に生産と雇用を波及させ、人びとの生活の向上につながった。産業競争力強化を実現させた「減量経営」は、労働者や下請中小企業の犠牲を伴うとともに、コストダウンの帰結である内需の相対的抑制は日本産業の輸出依存性を深化させ、先進各国との貿易摩擦を招来した。[3]

(3)バブル崩壊から収益性志向の経営・政策へ

１９８０年代後半、地価・株価高騰の中で企業収益と雇用・賃金が増大し、内需拡大を伴うバブル景気となった。90年代にバブルが崩壊すると、日本企業の過剰生産能力が顕在化したが、米国クリントン政権が経済覇権を志向し、円高圧力も辞さず貿易不均衡是正を迫る中で輸出も停滞した。冷戦終結後に旧東側諸国の市場経済化が進展し、韓国や台湾に続き中国も外資導入・輸出依存的成長戦略を本格的に採用、米国企業の投資も受け入れ、日本企業の競争相手となった。とくに米国ＩＣＴ企業は、部品生産や製品組み立てなど労働集約工程をアジア地域に移転・生産委託することで日本の総合電機メーカーに対抗した。

こうした国際情勢の変化の下で、第１部で明らかにしたように、日本企業は収益性を重視して投資を抑制、１９９５年に日経連はアジア諸国との競争も視野に、非正規雇用拡大を通じてコストダウンをはかる「新時代の「日本的経営」」を発表した。97–98年の金融危機を経て企業倒産と雇用リストラが拡大する中で非正規雇用の拡大が続き、平均賃金は上昇しなくなった。その後、日本企業は投資の選択と集中、不採算部門の切り捨てによって事業改善を進めるが、投資抑制・コストダウンを通じた収益性の向上が志向された。こうした事業再編は「減量経営」の延長にも位置づけられるが、90年代後半以降には、短期的収益性を反映した時価会計を軸とする会計制度改革、短期的収益性の基準で貸出の回収も辞さない不良債権処理に後押しされた。企業の短期的収益向上策として、不採算部門の切り捨てを可能とする会社分割法制、雇用リストラを促進する労働者派遣法の改定が進む一方、商法改定・会社法制定を通じて株主還元を重視する米国型企業ガバナンスが導入された。[4] こうして、労働者を犠牲にしつつ短期的収益志向の経営が展開され、非正規雇用の拡大と平均賃金の低落が続く一方、企業収益と経営者報酬の増大、配当増と自社株買いによる株高が続き、人びとの格差・貧困と企業の金余りが併存する今日の状況が現出した。

2、短期収益性追求と社会・産業の衰退

(1)内需縮小と財政赤字

１９９０年代以降の日本企業による収益性の追求は、70年代以来の「減量経営」に引き続き、労働者の犠牲によってコストダウンを追求したものと評価できるが、90年代以降は非正規雇用が増大し、格差・貧困が広がった。日本では正社員の年功賃金を前提に、育児・教育・住宅など生活費への公的支出が乏しく、非正規雇用世帯では結婚や子育てが困難になり、未婚化・少子化が進展した。[5] こうして少子化・人口減が進み、内需は一層縮小したために国内経済の停滞が20年以

上続き、世界ＧＤＰに占める日本のシェアは１９９５年の17・6％から２０１８年には5・7％に低下した。[6] 他方、法人税や高額所得課税が軽減される一方、消費増税や社会保障負担増が続き、財政による再分配機能が弱められた。長期不況下で失業者や非正規雇用の増大、貧困の広がり、さらに少子高齢化が進展する中でも社会保障支出は抑制されたが、第3章で明らかにするように、再分配機能を弱めた財政構造は歳入欠陥を招き、財政赤字が累積した。

(2)地方衰退と東京一極集中

地方経済の衰退と東京一極集中が顕在化している。高度成長期以来、農林漁業や鉱業など国内資源産業は衰退したが、工場の地方立地や、公共事業を通じた建設業での雇用創出によって地域経済が支えられた。１９９０年代以降、地方の生産拠点は、より人件費の低廉なアジア諸国など海外に移転した。財政支出削減策として、地方公共事業の削減が続き、２００６年の「三位一体改革」で地方交付税が削減される中で市町村合併が推進された。こうして製造業、建設業や公務など地方での安定雇用が失われ、人口流出に拍車がかかった。東京および首都圏に人口が集中したが、住宅費や教育費が割高で子育て環境が劣悪な東京の出生率は最低で、東京一極集中が一層の少子化、人口減少の重要な要因となっている。[7]

(3)産業競争力の衰微と空洞化

日本企業が短期収益性を追求する中で、産業政策は、規制緩和と市場原理による競争力強化、短期収益性向上のための不採算部門切り捨てや雇用調整の後押し、企業収益や投資への減税措置による支援が中心となった。[8]以下に産業別に検討するように、短期収益志向の事業改善策は、むしろ産業競争力の中長期的衰退を招いた。短期収益志向の経営では「今儲かる」分野のみに注力され、現在の収益性は低いものの中長期的には意義を持つ産業技術の研究開発や、現場で技術・ノウハウが継承されてきた長期的雇用が軽視されがちになる。[9]政府が銀行に対して短期的収益性の視点から不良債権処理を迫る一方、会社分割・雇用形態の多様化を可能とする法整備を行ったことで、不採算部門売却・人員整理が外国企業への技術流出につながり、産業競争力の低下に結果した点も否定できない。なお安倍政権時の『「日本再興戦略」改訂版2014』でも、「攻め」のコーポレートガバナンスの基準として、企業の短期収益性を示すROEを向上させることが目標として掲げられている。[10]

図４　電気機器の品目別貿易収支の推移（億円）

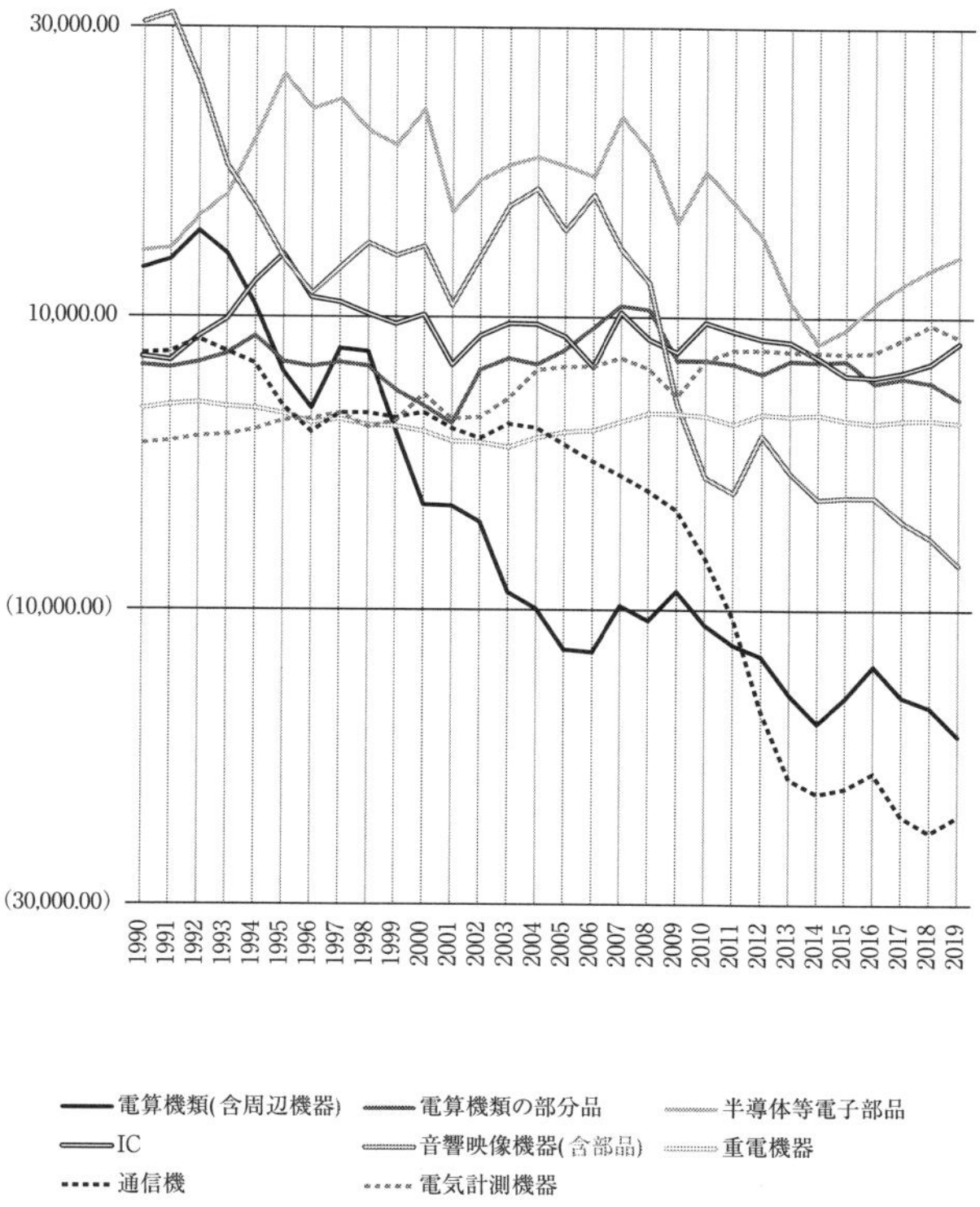

以下、主要輸出産業である電機・自動車産業の産業競争力の動向を検討しよう[11]。

図４に電機産業の品目別貿易収支を示した。電算機類が２０００年代以降、通信機と音響映像機器[12]は10年代に赤字となり、赤字額は増加している。電子部品の貿易黒字も減退し、黒字が続いているのは重電機器や電気計測機器など産業用機器が中心である。

電算機類および半導体に関して、1991年の日米半導体協定改定で外国製半導体シェア20%以上の数値目標が定められ、日本企業はDRAM生産に特化する一方、外国製シェア達成ためCPUは米国製品に依存した。その後、DRAM生産に韓国や台湾企業が参入、過当競争状態にあった日本企業は人件費の低廉なアジア企業との提携を選んだ。2000年代、日本企業は次々とDRAM等汎用品生産から撤退したが、短期収益性に基づく分社化と人員削減を進め、技術者が提携先の韓国・台湾メーカーに移籍し、研究開発能力や生産技術が流出した。

通信機では、日本メーカーは端末・通信設備とも国内通信キャリアへの納入により収益を確保した。海外通信機器メーカーは、機器の納入に加え、通信インフラ運用も請け負うビジネスモデルを展開し、世界的な通信事業自由化や通信規格高度化の下で販路を拡大した。日本メーカーは携帯電話端末でも国内通信キャリアの販売戦略に従ったことでスマートフォン生産への参入に遅れ、「ガラパゴス化」した日本の通信機メーカーは、10年代にスマホと通信規格4Gが普及する中で急速に競争力を喪失した。

このような日本の電子・電機産業の国際競争力低下の背景には、日本メーカーの多くが、情報通信技術の革新に伴う新たな生産力の展開にうまく適応できなかった点が指摘できる。第5章で明らかにされるように今日、GAFAに代表される巨大IT企業がインターネット上でのコミュニケーションの基盤（プラットフォーム）とともに様々なサービスを提供し、その利用履歴などのデータの収集・集積に基づいて巨額の利益を獲得している。電子・電気機器はインターネット端末としての要素が強まっているが、一部の日本メーカーでは機器自体の性能・品質が追求され、インターネットへの対応が遅れ、消費者の支持を失ったことも指摘できる。

さらに、多数の総合電機メーカーによる過当競争という日本電機産業の特質も、競争力衰退に拍車をかけた。短期的収益性が志向される中で、専業メーカーが自社の扱う製品・分野での競争力強化に向けた投資を積極的に展開するのに対して、総合電機メーカーは当面の利益が得られる分野への依存を強め、将来を見据えた投資に慎重になった。さらに日本企業間の激しい競争の下で、先に指摘したように、短期的視野から不採算部門の売却やアジア企業との連携の道を選び、技術や人材の流出が競争力低下を促進した点も指摘できる。

図４で貿易黒字が続いている重電分野の中でも近年、発電機の輸出が伸びず、輸入が急拡大している。日本の輸出は、原子力・火力など大規模集中型発電機器が中心で、国内電力大手からの受注を前提に安定的収益を得て、安倍政権下ではインフラ輸出戦略として、官民一体で売り込みをはかってきたが大半は失敗に終わった。再生可能エネルギーの急速な普及・低廉化がその要因であるが、日本国内では既設発電所を抱える電力大手の収益を維持する観点から再生可能エネル

図5　4輪自動車の国内・海外生産・輸出台数、部品輸出指数の推移
(2005年＝100)

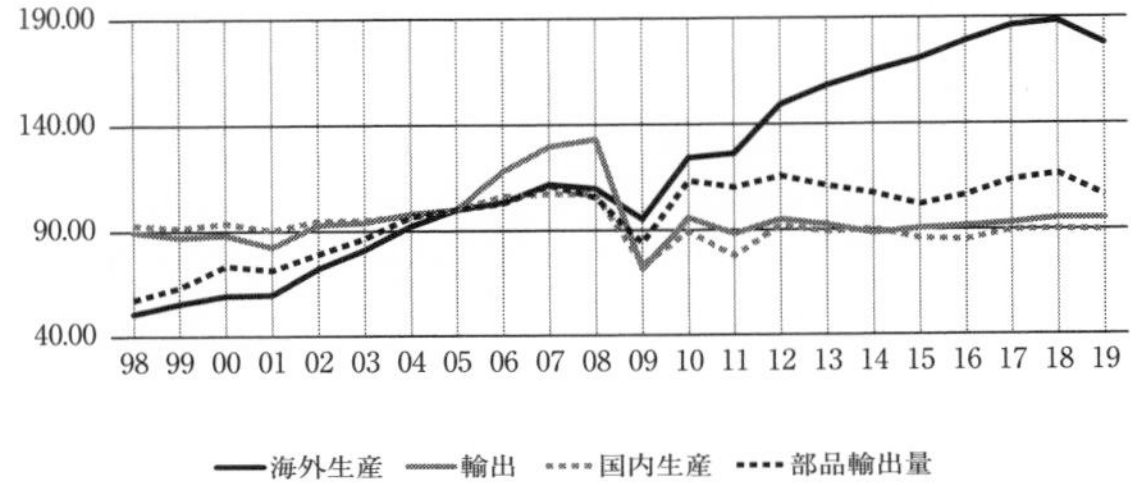

ギーの普及が遅れ、[13] 太陽光パネルや風力発電設備など関連製品で日本製品のシェアは低下し、近年では輸入が拡大している。一方、原子力・火力発電に注力してきた日本の重電メーカーは深刻な経営危機に陥ることとなった。[14]

日本自動車産業は国内を軸にサプライチェーンを維持し、電子・電気機械産業に比較して国際競争力を維持してきた。図5では、2000年代まで完成車の海外生産と部品輸出が並行して増加しているが、10年以降、完成車の海外生産がさらに拡大する一方、部品輸出は完成車の国内生産・輸出とともに停滞している。新興国が海外生産・販売の中心になる中で、コストダウンを志向する日本自動車メーカーが研究開発や部品調達も含めた「深層現地化」を推進し、サプライチェーンごと海外展開を進めていることを反映している。こうした動向は、海外生産の拡大が国内生産や雇用に結びつきにくくなる、産業空洞化の一層の進展を示している。[15]

自動車産業では今日、自動運転や電動化など技術革新と実用化が

進んでおり、今後の産業競争力に大きな影響を及ぼすと予想される。電動化は部品点数の大幅な削減につながり、従来、原動機・変速機を中軸に技術的優位性を維持してきた日本自動車部品メーカーに深刻な影響を及ぼすことが予想される。

(4)公共領域の営利事業化と企業支援

近年、指定管理者制度や水道事業民営化、行政事務、職安業務にも民間委託が進み、請け負った企業にビジネスチャンスを提供している。また２０００年の介護保険制度を嚆矢として医療・福祉領域への営利企業参入が広がり、公的機関の削減が続いた。このように公的領域の縮小と営利企業への代替・委託が企業収益に寄与しているが、こうした事態は、生産領域での収益の伸びの限界が画される下で、資本の国家への依存の深化をも示している。介護保険制度で顕著なように、公的領域でのサービス提供は利用料では賄い得ず、人びとの負担と国債発行を原資とする社会保険料と財政支出への依存が前提となっている。

産業政策については、短期的収益性を追求した不振産業・企業の不採算部門の受け皿となっている点も指摘できる。代表例として、電機メーカーが不採算部門を分社化・統合したエルピーダメモリは日本政策投資銀行の、ルネサエレクトロニクスとジャパンディスプレイは政府出資を得た産業革新機構の出資を受けた。なお上記のように、国際競争力を喪失した電機・重機メーカーの多くが防衛装備品受注への依存を深めている点も看過できない。

3、むすびにかえて——収益性志向への転換の背景と新自由主義

以上で検討したように、短期的な収益性を追求する企業行動とそれを支援する政策が、日本社会と人びとの生活、さらに日本産業に甚大な影響を及ぼしてきたことが明らかである。「企業が一番活動しやすい国」を掲げ、企業の収益性追求を支援する政策を推進してきた安倍政権下、2013年度から19年度の実質経済成長率の平均は0・9％に過ぎず、民主党政権下の10年度から12年度の平均1・5％を下回っている。1970年代の「減量経営」以来、労働者の負担によって競争力強化をはかってきた日本産業は、内需よりむしろ外需に依存した成長を遂げ、「経済大国」化を達成した。90年代後半以降は、米国からの要求も背景に、企業の短期収益性追求を促す企業

統治・金融制度改革、企業収益増大を支援する「小さな政府」や規制緩和策によって非正規雇用の拡大を伴う労働条件悪化、さらに財政・社会保障による再分配機能の縮減も加わり、格差・貧困の拡大と内需の縮小を招いてきた。他方、短期的な収益性を追求する企業行動とそれを支援する政策は、輸出産業も含めて産業競争力の衰退につながった。こうして近年の日本経済は需要面・供給面とも脆弱さが露呈し、内外需とも低迷し、国際的にも著しい停滞を続けている。

このような停滞からの転換を展望するためには、停滞の淵源とも言うべき収益性のみを追求する企業行動、さらに企業の収益性を追求する諸条件・制度の整備と収益性を阻害する諸要素の除去を志向する一連の新自由主義的政策[16]が採られるようになった背景と要因を明らかにする必要がある。世界的に新自由主義的政策が本格的に展開されるようになったのは、１９７０年代末以降の英国サッチャー政権、80年代の米国レーガン政権である。こうした収益性志向への転換の背景として、70年代の世界資本主義を覆ったスタグフレーション、すなわちインフレと不況の併存の下での「収益性危機[17]」が指摘できる。上記のように、労働者の犠牲を強いる「減量経営」によるコストダウンを通じて競争力を強化した日本資本主義は、輸出拡大を通じた収益性の向上によってスタグフレーションからいち早く脱却し、「経済大国」化を達成した。なお、「減量経営」を通じた労働者負担による競争力強化は、生産拡大に比した雇用・賃金の抑制、すなわち供給拡大が内需の伸びを上回ることを意味し、販路としての輸出への依存の深化につながった。そして、日本の輸出産業による「集中豪雨的輸出」は欧米先進国の「収益性危機」を増幅させ、世界的過剰生産状況を現出した。故に、上記の英米両国での新自由主義への転換の要因として、日本産業への対抗、あるいは日本型モデルを用いた収益性向上策としての「日本化（ジャパナイゼーション）」の側面は無視できない。[18]この意味で、日本の輸出依存的成長が惹起した世界的過剰生産は、世界市場をめぐる激しい国際競争としてのグローバリゼーション、さらに各国政府が資本の収益性追求を最優先する新自由主義の契機となったものと捉えられる。80年代以降、日本に続いて東アジア諸国も低賃金を梃子に輸出依存的成長を遂げ、さらなる世界的過剰生産とグルーバル競争の激化につながったことで、各国での収益性志向は一層促進された。[19]

　このような時代的・国際的背景の下で新自由主義的政策が遂行されたため、資本の収益性が強化され、企業貯蓄が累積した。そして、本節で明らかにした日本社会と産業の疲弊を含め、世界各国で生起している様々な問題の多くについて、30年余り世界と日本を席巻した新自由主義に起因するとの認識が広がっている。ただし、そもそも新自由主義とは、資本主義の根本原理である企業の収益性を最優先する政策である以上、新自由主義に起因するものと認識されている諸問題は、資本主義自体に内在する諸矛盾の現れとして捉える必要がある。

（村上研一）

（注）

1、「減量経営」を通じたコストダウンについては、丸山恵也『日本的経営』日本評論社（１９８９年）、大野耐一監修『トヨタ生産方式の新展開』日本能率協会（１９８３年）などを参照。

2、このように経営破綻の防止とともに地域経済や雇用への影響にも配慮したこの時期の産業調整政策は、不良債権処理によって促進された企業の分社化・雇用リストラを伴った２０００年代における新自由主義的産業調整と対照的である。この点については、北村洋基『岐路に立つ日本経済』大月書店（２００６年）、p.56−61を参照。

3、こうした輸出依存的「経済大国」日本の産業構造については、村上研一『現代日本再生産構造分析』日本経済評論社、第2章（２０１３年）を参照。

4、短期的収益性を重視する経営を志向するこうした一連の改革は、「年次改革要望書」等、米国政府からの要求に従って実施されたことも看過できない。萩原伸次郎『ワシントン発の経済「改革」』新日本出版社（２００６年）などを参照。

5、日本的な生活保障に関しては、宮本太郎『生活保障』岩波書店（２０１７年）を参照。

6、日本経済の衰退とその要因については、山家悠紀夫『平成経済30年史』岩波書店（２０１９年）、金子勝『平成経済　衰退の本質』岩波書店（２０１９年）などを参照。

7、増田寛也『地方消滅』中央公論新社（２０１４年）を参照。

8、前述の「特安法」を中心とする１９７０〜80年代における産業調整政策と、90年代末以降の産業政策との違いについては、北村前掲書とともに渡辺純子「通産省（経産省）の産業調整政策」（RIETI Discussion Paper Series 16-J-03、２０１６年）を参照。

9、丸山恵也「「ものづくり」の危機と企業ガバナンス改革」（大西勝明・小坂隆秀・田村八十一編『現代の産業・企業と地域経済』晃洋書房所収、２０１８年）を参照。

10、國島弘行「金融のグローバル化とコーポレート・ガバナンス改革」（重本直利・篠原三郎・中村共一編『社会共生学研究』晃洋書房所収、２０１８年）を参照。

11、輸出産業を中心とする現代日本産業の競争力低下については村上研一「現代日本の貿易と産業競争力」（『商学論纂』第62巻1・2号、２０２０年）を参照されたい。

12、液晶テレビ事業では２０００年代、先進国向け輸出が好調だったシャープとパナソニックが巨額の国内投資を行ったが、２００８–09年不況下で先進国需要が剥落、新興国市場での競争でサムスンやＬＧなどに敗退し、過剰投資が経営破綻および経営不振につながった。
13、この点については、植田和弘・山家公雄編『再生可能エネルギー政策の国際比較』京都大学学術出版会（２０１７年）などを参照。
14、２００６年に巨額の資金を投じて米国ウェスチングハウス社を買収して原発事業に注力した東芝は、同事業での損失の糊塗をはかる会計不正問題を経て経営破綻した。日立と三菱重工は火力発電事業を分社化・統合して合弁会社を設立させたが、南アフリカの火力発電事業での損失をめぐり両社は対立、合弁解消とともに両社に多額の損失をもたらした。
15、清晌一郎篇『自動車産業の海外生産・深層現地化とグローバル調達体制の変化』社会評論社（２０１７年）。
16、新自由主義的政策については市場原理主義、「小さな政府」志向、グローバル競争への対応、米国基準の経済システムの導入、など様々な側面で論じられているが、筆者は、収益性志向という資本主義の原理が貫徹できるような諸条件・制度の整備と、収益性追求を阻害するあらゆる要素の除去を志向する一連の政策として把握すべきものと考える。
17、「収益性危機」の要因について、高度成長期以来の過剰蓄積・過剰生産力の累積、労賃高騰、労働生産性伸びの停滞などが指摘される。「収益性危機」の要因に関する諸説の理論的検討として、

松橋透「「収益性危機」と「利潤率の傾向的低下法則」」（本間要一郎・富塚良三編『資本論体系5 利潤・生産価格』有斐閣所収、1994年）を参照。

18、サッチャー政権下イギリスにおける「日本化」を通じた生産性向上策について、櫻井幸男『グローバリゼーション下のイギリス経済』法律文化社（2018年）を参照。

19、日本の「経済大国」化が世界資本主義に及ぼした影響は村上（2013年）を参照。

第2章
日本経済を改革するための基本的な方向性

1、日本資本主義改革の基本方向と課題

本節では、日本の資本主義改革へ向けた4つの基本的な方向性を示す。

(1)利潤原理ではなく人びとのための経済をめざす

第1章の日本経済の分析では、企業の投資抑制が、一方で利潤率を上昇させながら、他方で人びとの雇用、賃金、生活を犠牲にする経済の長期停滞をもたらしていることを明らかにした。この枠組みを前提とすれば、日本経済の回復と生活の再建の鍵は、企業の投資拡大にあることになる。とはいえ、投資減税や構造改革特区の整備、設備投資や研究開発への補助金、財政支出を通じた次世代産業の育成など、資本家のための施策を今以上に手厚くすることで投資を促せばよいという訳ではない。また独占的な大企業の投資抑制が問題であるとしても、各市場や産業に多くの企業の参入を促し、競争を活性化させれば問題が解決するのでもない。こうした方向では事態

が打開できないことは、この間、橋本、小泉、安倍の各政権で繰り返し唱えられた構造改革、規制緩和、金融緩和政策や財政政策が、企業の投資を一向に拡大させなかったという事実によって、既に証明されている。

そうであるならば、全く別の方向として、利潤原理ではなく人びとの生活を第一の推進動機として経済活動が運営されるような社会をめざすことが、根本的には求められる。もちろん、資本主義でありながら利潤原理ではない原理を第一に置こうとするのは、商品経済でありながら貨幣は廃止しようとするのと同じように、もともと無理のある発想である。[1]しかし、利潤原理を最優先にした企業行動への批判として、ＳＤＧｓの重視やＥＳＧ投資という指針も提言されるようになっている。これらの指針さえも、資本はそれを上手く利用して利潤率の上昇に結びつけようとするが、こうした指針が出てきていること自体が、利潤原理だけでは社会が立ち行かなくなっていることに、多くの人たちが気付いていることの表れである。こうした動きを、将来の資本主義の原理自体の転換へと結び付けていくことが必要である。

(2) 経済活動の意思決定で人びとの関与する範囲を拡大し、資本家の行動規制を強化する

(1)の基本方向に向けて、具体的には、経済活動とその成果の分配や使途などにおいて、資本家だけでなく広く人びとが意思決定に参画できる範囲を拡大し、またその参画の度合いを強めていくことが求められる。同時に、当面は経済活動を担っていく資本の行動を、人びとが社会的に規制していくことを実質化する。

もちろん、意思決定を資本ではなく人びとが握るということも、(1)と同じく、根本的には資本主義自体の否定を意味する。つまり、主要な生産手段を人びとが共有する社会が、既に実現していることを想定する。しかし、ここで確認しておきたいのは、資本主義での私的所有とは、資本家が生産についての意思決定を個別的・分散的・排他的に行い、労働者は資本家に労働力を売ってその下で労働するという生産関係の、法律的な表現にすぎないということである。[2] つまり、資本主義を克服した後の社会でも、そこで実現している生産手段の共同的な所有とは、あくまでもその社会での生産関係の法律的な表現である。よって、人びとにとって本当に重要なことは、生産や経済活動全般についての意思決定を、一部の「横領者」「収奪者」が排他的に握るのではなく、広く一般の人びとが握り、これらの人びとの共同的な労働で生産や経済活動が行われるという土

台の部分にこそある。

こうした将来社会での意思決定のあり方を見据えるならば、当面の経済政策でも、社会的共同的な人びとの意思決定の下に置かれる領域を広げていくことが、今から求められる。たとえば、法人税による歳入増や社会保障費の事業主負担の引き上げを提言する場合、その根拠は、「内部留保を吐き出せ」といった「強欲」批判から来るものではない。将来の社会では、社会的な余剰が「応能原則」に基づいて拠出され、人びとの共同的な意思決定の下でそれが生産と生活に利用されるという認識に立って、今からでもそれを先取りするという姿勢が求められる。また、こうした資本家の社会的負担それ自体が所与の制約条件となって、その下でしか企業活動ができないように、今から人びとが強制していくという視点が必要である。

さらに、天然資源や自然環境、科学研究の成果、近年急激に重要性を増している個人情報などの各種データも、資本家や企業が排他的に生産手段や資本として利用できてはならない。これらが何に使われ、また何に使われてはいけないかといったことも、人びとの共同の意思決定の下に置かれるべきである。生活のための社会基盤や公的サービスなども、資本の商品として提供されるべきではなく、人びとの管理の下で提供されるべきである。

これらを通じた企業活動の規制の実質化は、どれも今から十分に実現可能なものである。

(3)新自由主義批判を資本主義の根本原理の転換へとつなげることをめざす

現在、新自由主義的な政策の下で公的領域が縮小され、人びとに「自助」が押し付けられていることを、多くの人たちが批判するようになってきた。さまざまな行動「自粛」や個人任せの感染予防、自営業経営が悪化しても救済されず、PCR検査で陽性になっただけで謝罪までさせられる社会状況を前に、新自由主義への批判がこれまでになく高まっている。

ところで、この「自助」とは、労働力や商品が売れなければ生活できないという、資本主義の根本原理そのものである。だから、新自由主義批判とは、実は資本主義の原理自体への批判を意味している。よって、新自由主義を克服した先に、資本主義の根本原理自体の転換までを見据えたような改革が、求められる。このことから、新自由主義の克服とは、新自由主義を「小さな政府」と捉えて、1970年代頃までのケインズ主義的な福祉国家や「大きな政府」を対置して、それに戻せばよいというものでは、全くない。

第1に、新自由主義＝「小さな政府」という定式化自体が誤解を招く表現である。実際、新自由主義は、バブル崩壊後の不良債権処理での公的資金注入や、一連の金融緩和政策を通じた無尽蔵とも言える国債の大量買入れに典型的に示されるように、資本家のために必要とあらば、いくらでも国家が資金を注入する。[3] だから、これを「小さな政府だから問題である」と批判しても、何ら新たな改革も提示していないし、そもそも批判になっていない。

第2に、こうした資本のために作られた「大きな政府」の後には、必ず社会保障や公共サービスを犠牲にした緊縮財政がやってくることも、この間の事実である。しかし、だからといって財政赤字を厭わずに「大きな政府」を対置することは、一見すると弱者救済や社会保障の充実という人びとに寄り添った方向に見えるが、その実体は、以下に見るように新自由主義路線と何ら変わらず、結局は労働者や広く人びとへの犠牲をもたらすだけである。

財政赤字に伴って発行される国債の多くは、家計ではなく、銀行や生損保等の金融機関が保有し、最近では海外の投資家や、金融緩和政策によって日銀の保有割合も増大している。ここで、もし財政赤字が一層悪化し、金利の急騰と国債価格の暴落、最悪の場合はデフォルト等が発生すると、その損害を被るのは国債保有者である。だから、一時的に「大きな政府」に振れた後に、すぐさま緊縮財政や財政再建が議論の俎上に載せられるのは、何よりも国債保有者である金融機関や資産家の債権を守るためである。それは、決して「将来世代への負担の先送り」や「世代間不公平」を解消しようという政策意図から来るものではない。その証拠に、将来の社会保障負担や租税負担の軽減の見通しが示される気配は、全くない。

加えて、政策効果のない金融緩和をいつまでも続けていることも、金利が上昇して国債価格が下落することを避け、貸し手の債権を守るためである。そして、最終的には、消費増税などを通じて、庶民（労働者）の所得が国債保有者である金融機関や資産家（資本家）へと収奪される。これこそ、「世代間対立」に隠された、本当の意味での階級的対立である。

緊縮財政反対、弱者救済、社会保障拡充は当然共有されるべき政策目標である。また、第1章の日本経済分析を踏まえると、企業部門での貯蓄過剰を政府が吸収し、資本家に代わってこれを支出することもたしかに必要である。しかし、この余剰を吸収する手段は、国債ではなく徴税でなければならない。つまり、徴税によって税引き後の企業所得自体を減らすという方法である。国債増発という手段を用い、「緊縮財政より財政拡大」と単に主張することは、国債をめぐる新たな債権者と債務者の関係を生み出し、上のような新自由主義と同じ債権者優先の諸政策を許すことを、再び是認してしまうことになる。

こうして、新自由主義の克服は、財政赤字を許容した「大きな政府」を対置することによるのではなく、資本主義の原理自体を転換し、社会的な経済余剰を公的に管理し利用する社会へとつながる改革を実行することによって、なされなければならない。

（4）人びとが必要な水準で必ず助けられる社会を構築する――自助でも共助でもない社会へ

資本主義の現状に対して、人びととの繋がりや助け合い、支え合いを重視する提言が見られるようになっている。しかしながら、この「支え合い」は、資本や政府の側からも、「国民相互・家族相互・住民相互の助け合い」「共助」「絆」などといった耳あたりの良い言葉で、資本家や国家の責任を不問に付す概念として提示されることが多い。

たとえば、社会保障制度改革推進法（２０１２年）は、第二条で、「社会保障制度改革は、次に掲げる事項を基本として行われるものとする」としたうえで、「自助、共助及び公助が最も適切に組み合わされるよう留意しつつ、国民が自立した生活を営むことができるよう、家族相互及び国民相互の助け合いの仕組みを通じてその実現を支援していくこと」と言う。ここでは、家族や国民の「共助」を重視する姿勢が貫かれている。

以前から、政府の言う「共助」とは社会保険制度のことを指すという、理論的にも歴史的にも歪曲された用語法が使われてきた。社会保険とは、19世紀までに発展した労働者の自主共済が、資本主義の発展に伴って恐慌や不況で生じる貧困問題に対処できなくなったという歴史的条件下で、労働者本人たちではなく、資本家の拠出である社会的扶養をこれに接合することによって、成立してきたものである。ここには、労働者相互の「助け合い」では立ち行かなくなった貧困問題に対して、資本家もこれを補完しなければ資本主義社会それ自体の再生産に支障が出るという歴史的背景と認識があった。そして、多くの資本主義諸国で、社会保険は社会保障の中心的制度となったのであり、それは、自助でも共助でもなく、資本家の拠出と国家の責任による制度として成立した。[4]ところが、日本の政府は、年金、医療、介護、雇用などの社会保険に「共助」という用語を充て、それと表裏一体で、「公助」は公的扶助や社会福祉だけを指すものとして矮小化して用いてきた。[5]菅義偉首相の政策も「自助・共助・公助」であり、「自助」と「共助」を基本に据える姿勢を強調している。

以上の方向を克服して新たな社会をめざすとき、それは、およそ「自助」では生活が成り立たない人びとが、互いに「共助」で何とか耐え忍ぶ社会であってはならない。当面めざすべきは、資本家が得ている膨大な経済的余剰を国家が徴収し、その政策責任のもとで人びとの生活を必要な水準で支えるために、それを十分に投入するような社会である。

（佐藤拓也）

（注）

１、Marx, Karl, *Das Kapital* Band I, in *Marx-Engels Werke*, Band 23, Berlin: Dietz Verlak, 1962, S.102（『資本論』「マルクス＝エンゲルス全集」第23巻ａ、大月書店、1965年、p.117）, Marx, Karl, *Zur Kritik der Politischen Ökonomie*, in *Marx-Engels Werke*, Band 23, Berlin: Dietz Verlak, 1961, S.66-69（『経済学批判』同第13巻、１９６４年、p.66-69）.

２、「社会の物質的生産諸力は、その発展のある段階で、それらがそれまでその内部で運動してきた既存の生産諸関係と、あるいはその法律的表現にすぎないものである所有諸関係と矛盾するようになる。」Marx, *Zur Kritik der Politischen Ökonomie*, S. 9（『経済学批判』p.6)。

３、アメリカの同様の状況は、佐藤拓也「世界経済危機からの「回復」と経済政策の矛盾」（鳥居伸好・佐藤拓也編著『グローバリゼーションと日本資本主義』中央大学出版部、２０１２年)。

４、社会保障の発展は、工藤恒夫『資本制社会保障の一般理論』新日本出版社（２００３年)。

５、『厚生労働白書』（２０１０年）p.163. 政府の「共助」「公助」概念の解釈の問題については、里見賢治「厚生労働省の『自助・共助・公助』の特異な新解釈――問われる研究者の理論的・政策的感度」（社会政策学会誌『社会政策』第5巻第2号、２００３年）も参照。

2、めざすべき経済・社会のあり方

前節では、日本資本主義改革の基本的な方向性が明らかにされた。本節では、こうした方向性に基づいた改革を通じてめざすべき経済・社会のあり方について、その概要を明らかにしていきたい。前章第2部で検討したように、短期的収益性を追求する企業行動とそれを支援する新自由主義的政策の下、人びとの生存と世代再生産が脅かされるほどの格差・貧困の拡大による内需の低迷に加え、輸出産業の国際競争力喪失による貿易赤字基調への転落によって、日本経済は停滞が続いている。こうした停滞を克服し、人びとの生活の安寧と企業・産業の安定的な発展を実現するためにも、人びとの基礎的生活条件の保障を通じた内需の拡大と、持続可能な産業構造の構築が不可欠の課題となっている。

(1)基礎的生活条件の保障

少子化と人口減少、国内経済の縮小を招いてきた格差・貧困の広がりを食い止めるため、労働条件の改善と所得再分配機能の拡充を通じた人びとの基礎的生活条件の保障が喫急の課題である。20年余りの収益性志向の企業行動の中で、すでに巨額の企業貯蓄が積みあがっており、これ以上の企業収益増大よりも、非正規雇用など劣悪な労働条件の改善、最低賃金の引上げによる賃金改善が志向されるべきである。[1] また数十年来の課題である「過労死」を生むほどの長時間労働の是正や、ジェンダー差別の解消なども併せて追及していく必要がある。[2] これらに加え、詳細は第3章に譲るが、財政による再分配機能の回復・強化によって、就労に困難を抱える人も含めて、安心して生活し、子育てできる環境を整備することは、国内経済のさらなる縮小を防ぐために不可欠である。

格差・貧困の拡大と定着は、それらの世代間連鎖を形成し、階層の固定化という社会的不公正が生起している。貧困家庭の子どもたちの多くは、経済的事情により進学の可能性が狭められた結果、安定的で高収入が得られる職への就職が困難となり、貧困から抜け出せなくない。すなわち「生まれながらにして貧困を決定づけられる」事態が生じている。日本では、多くは男性の正規雇用者が長期雇用・年功賃金によって家族を養う生活保障、すなわち個人の所得による生活保障が前提され、とりわけ非正規雇用者やシングルマザーなどこうしたモデルに該当しない世帯に著しい貧困と生活の困難が及んでいる。さらに、医療や介護領域にも自己負担や保険外領域が拡大しており、財力によって健康・命が選別されてしまう不公正につながりかねない。また家族介護の負担や介護離職、昨今では介護を苦にした心中事件なども多発している。誰もが安心して暮らし、子育てし、自身の病気や親族の介護によって生活がおびやかされることのない生活の安寧を得られるためには、従来の雇用・賃金および個人の所得に基づいた生活保障から、教育や医療、住宅など基礎的生活条件整備を直接、公的支出によって保障する制度への変革、公的領域の拡充も展望されるべきと思われる。

ただし、巨額の財政赤字を抱え、国内産業が国際競争力を喪失しつつある現状では、労働条件の改善と再分配の強化による内需の拡大は、貿易赤字の拡大と国民生活の混乱が引き起こされる懸念につながる。今日、食料やエネルギーのみならず、衣類や雑貨、家電製品など国内消費に占める輸入品の構成比が急速に高まっており、人びとの所得増加による内需拡大は貿易赤字の拡大と円安、インフレを招きかねない。[3]インフレ抑制のためには日銀が保有する国債の売却を進める必要があるが、すでに2020年3月末現在、国債および国庫短期証券の発行残高1131兆円の44・1％（499兆円）を保有している日銀が国債売りに転じると、日銀を除く保有者構成の23・1％（146兆円）を占めている海外投資家を中心に国債売りの連鎖を招きかねない。金利上昇による企業倒産の拡大、円安による輸入品価格高騰に伴うインフレの高進、さらに利払い費高騰に伴い、財政赤字が制御困難な状況に陥る事態も想定される。[4] このように、財政赤字と貿易赤字の「双子の赤字」は放置できず、財政再建とともに貿易収支均衡が実現される必要がある。そのためには、以下で明らかにするような新たな社会的ニーズに対応しつつ、内需に応えられる供給能力としての産業基盤の形成が不可欠である。

(2)持続可能な産業構造の構築

高度成長期以来、輸出産業での外貨獲得が資源・エネルギー・食料の輸入依存を可能としてきた。しかし、２０１０年代には、貿易赤字が常態化し、こうした産業・貿易構造の持続可能性が喪失しつつある。前章で検討したように、１９９０年代以降の短期的収益性を追求する企業行動の下で、国際競争力を支えてきた技術の流出が進む一方、多くの日本企業は環境問題の深刻化や技術革新など新たな状況下での世界的・社会的要請に応えきれておらず、輸出産業の貿易黒字が収縮している。また、地方産業の衰退とともに東京一極集中が深化し、少子化・人口減少と内需停滞の一因となっている。内需拡大に応えて国内の経済循環を促すためには、これら諸問題を克服し、国際収支の均衡と雇用・地域経済を支える持続可能な産業構造の構築が必要である。

国内における食料・エネルギー産業の育成

輸出産業が国際競争力を喪失しつつある中で、貿易収支均衡のために、食料・エネルギーの輸入依存からの脱却が不可欠である。２０００年代までは、これら輸入額を上回る輸出を稼ぐことで貿易黒字を継続してきたが、今日では、輸入額の抑制が必要である。

高度成長期以来、国内における資源・食料・エネルギー生産が縮小してきたが、地方経済の衰退の要因ともなった。今後、輸入の抑制が課題となる中で、食料生産を担う農林漁業とともに、省エネと再生可能エネルギーを活用した国内エネルギー産業および関連産業の振興が求められる。第4章で明らかにされるように、温室効果ガスの排出削減が迫られる中、省エネ技術の進展、再生可能エネルギーの普及はその低廉化を促し、日本国内でのエネルギー自給の技術的可能性とその経済効果が明白になっている。[5] また、再生可能エネルギーと農林漁業など地域産業との兼営・兼業の可能性も高まっている。

さらに、農林漁業や再生可能エネルギーなど地方経済における投資と雇用の拡大は、東京一極集中の是正を通じた少子化・人口減少の抑制という、貿易均衡や経済的意味を超える社会的意義を有する。こうした社会的観点からは、エネルギーの地産地消と付加価値の地域内還元が不可欠で、そのためには住民出資によるNPO法人や協同組合経営、地方公有企業など、必ずしも収益性原理に基づかない、そして労働者や地域住民、消費者などが経営の意思決定に参画できるような企業のあり方が模索される必要がある。[6]

政府の規制・誘導による社会的要請への対応

日本で新自由主義的政策が推進されてきた20年余り、法人減税や研究開発減税などの企業向け減税、労賃コスト削減に寄与する労働規制改革、構造改革特区制度など、様々な企業支援策が実施されてきたが、日本企業の国際競争力は衰退してきた。その要因としては、前章2部で明らかにしたように、短期収益性を志向する企業行動と、それを促す諸制度・政策の下で、企業が「今儲かる」分野のみに注力したことが指摘できる。

この点に関して、電力・エネルギー事業をめぐる日本と欧米メーカー、さらに各国政府の対応の相違を事例に検討しよう。日本では福島原発事故後も原発が「ベースロード電源」に位置づけられ、さらに成長戦略の一環として、原発・火力発電設備を含めたインフラ輸出戦略が官民一体で進められた。しかし、再生可能エネルギーの普及・低廉化の下で、安全性確保のための追加コストが増加した原発、化石燃料を用いる火力発電とも輸出拡大戦略は行き詰まり、東芝は経営破綻し、日立・三菱重工も経営困難に直面している。他方、シーメンスやGEなど欧米メーカーの場合には、政府（米国の場合は州政府）が脱原発・火力発電削減と再生可能エネルギー拡大への政策転換を進める中で、風力発電やスマートグリッド、分散的な発電者と需要者を結ぶ仮想発電所（VPP）など、再生可能エネルギーの拡大に対応した新たな事業分野に進出し、確実な成長を遂げようとしている。

上記の事例から、企業・産業の中長期的発展と持続可能な産業構造の構築に資する政府の立ち位置を探ることができる。日本政府の対応は、企業が既に有する優れた技術、「今儲かる」分野への支援を通じて（短期的）収益拡大に寄与するものと評価できるが、企業は環境問題と技術の新しい動向に対応できず、競争力喪失につながった。他方、原発や火力発電から再生可能エネルギーへの転換を決めたドイツや米国州政府の施策は、原発や火力発電など既存技術で優位性を有するメーカーにとって短期的には厳しい対応である。しかしながら、中長期的な世界的・社会的要請を踏まえた施策は、企業の投資活動を規制・誘導することを通じて、環境や技術の変化の中で企業・産業の持続的発展に帰結したものと評価できる。政府の産業政策は、企業の収益を短期的に保障するよりも、環境や技術の変化を踏まえ、社会的要請・ニーズに応えるような中長期的観点から企業行動を規制・誘導し、新しい事業分野や技術革新を促す方向への転換がはかられるべきである。企業の短期的収益から一歩距離を置き、世界的・社会的観点から企業活動の規制をはかる政府の対応こそ、企業が既存の強みを活かしつつ、新たな社会的要請に応え、中長期的に安定的な発展を遂げることで、内需に応答した産業基盤の構築につながるものと考えられるのである。

さらなる産業調整とその課題

今日の日本では、電機・自動車など量産分野で競争力喪失・空洞化が顕在化しているが、基礎素材や産業用機械など非量産分野を中心に今なお高い国際競争力を有し、世界各国に製品を輸出している産業分野も少なくない。ただし、生産財・投資財の最大の輸出先である中国が「中国製造２０２５」を掲げ、先端産業分野の技術開発能力・生産能力を急速に高めており、今後、日本企業の生産能力の調整が迫られる事態も予測される。[7] さらに現在の日本の人口構成を踏まえると、人口減少からの早期の反転は困難で、国内市場の縮小が続く中、内需産業が生産力調整を迫られる事態も想定しなければならない。

このように、今後も様々な産業分野で生産能力の調整が迫られることが予想されるが、短期収益性に基づいた過剰処理は、雇用の不安定化や地域経済の衰退、生産現場の崩壊、関連分野も含めた中長期的な産業競争力の衰退につながることが懸念される。前章で検討した1970年代における「特安法」の経験も踏まえ、雇用と地域経済への負の影響を調整しつつ、政策介入も含めた計画的な生産力調整を進め、先述の食料・エネルギー産業の振興とも併せて、地域社会と調和した持続可能な産業構造の再建が志向されるべきと考える。

(3)公的領域の拡充

企業の収益性向上を追求し、企業負担軽減をはかる「小さな政府」が志向される中で、医療・福祉・公衆衛生・教育など公共領域は削減され、また企業のビジネスチャンスに供されてきた。コロナ禍、とりわけ日本におけるPCR検査数の少なさや経路不明感染者の増大は、公共領域の脆弱性を浮き彫りにした。地震、火山災害、地球温暖化による異常気象や感染症拡大など様々なリスクが顕在化している今日、公共領域の再建が不可避である。

日本では教育や住宅など基礎的生活条件を保障するための公的社会支出の比重が小さく、男性正社員の長期雇用や年功賃金を前提に私的支出に基づく生活保障が中心となってきた。近年、非正規雇用の拡大や家族形態の多様化の下、生活保障から疎外されて貧困に陥る人びと、生活保障の展望がなく結婚や育児をあきらめる人びとが増加している。従って、欧州諸国のように教育などの子育て費用や住宅、職業訓練などへの公的支出を増大させることが必要である。安倍政権下の幼児教育無償化や、自治体による子どもの医療費の無償化も拡がり、子育て関連支出を中心に公的な生活保障の拡充の動きも広がっている。

⑷資本主義の変革に向けて

以上、日本産業・経済の停滞を克服し、人びとの生活と企業・産業の安定的発展を実現する産業・経済への転換ための方策を、基礎的生活条件の保障、持続可能な産業構造の構築、公的領域の拡充という3点から明らかにした。人びとの生存と尊厳、社会的公正、環境問題など新たな社会的要請に根差した政策を強化することが今日、強く求められる。

国連の持続可能な開発目標（ＳＤＧｓ）では「誰一人も取り残さない」が掲げられ、ディーセントワークや貧困、平和、地球環境、地域社会などの諸問題を解決する目標が示されている。さらに２０１９年８月、米国の経営者団体・ビジネスラウンドテーブルが「企業の目的に関する声明」を発表し、株主第一主義を改め、顧客・従業員・サプライヤ・地域社会・環境などに配慮した経営の方向性を打ち出した。収益性原理を最優先する新自由主義的な企業行動や政策の限界は、一部の企業経営者も含め、広く共有されるようになっている。

前章で検討したように、高度成長終焉後の「収益性危機」や世界的過剰生産下のグローバル競争状況の中で、資本主義の根本原理である収益性を最優先し、これを妨げるあらゆる経済的・社会的要素の除去をはかる新自由主義が席巻し、以後の20年あまり、剥き出しの資本主義の原理が貫徹した。故に、新自由主義の弊害・限界として認識されている多くの問題は、資本主義自体に内在する諸矛盾の現れとして把握されなければならず、これら諸問題の改善・克服には資本主義の原理自体の変革が不可欠になるものと思われる。

（村上研一）

（注）

1、安倍政権下でも賃上げ要請、最低賃金引き上げが続けられた。なお、労働条件改善にあたっては、賃金支払い余力の乏しい中小企業への配慮、具体的には社会保障負担の軽減策等が併せて実施されることが不可欠であると考える。

２、これらの点に関して、安倍政権下での「働き方改革」や「女性活躍」の方針と施策は、残業時間規制の不十分さや「高度プロフェッショナル雇用制度」など労働条件改善に負の影響をもたらし兼ねない要素を内包しているものの、長時間労働の是正やジェンダー平等を求める社会的意識の広がりにつながった点は看過できない。

３、安倍政権登場前後の２０１２年から15年にかけて円安が進み、輸入品物価が上昇したことで、名目賃金がわずかに上昇したにもかかわらず実質賃金は低下した。

４、こうした点については村上研一「金融緩和と２０１０年代日本の産業・経済」（『企業研究』第35号、２０２０年）を参照されたい。

５、とりわけ、最近の発電設備や蓄電池の低廉化、ＡＩやブロックチェーン技術の進展は、エネルギーの地産地消の可能性をさらに広げるものと考えられる。田中謙司監修『電力流通とＰ２Ｐ・ブロックチェーン』オーム社（２０１９年）を参照。

６、諸富徹編『入門地域付加価値創造分析』日本評論社（２０１９年）を参照。

７、鉄鋼業界では、品質向上とともに生産能力を拡張している中国鉄鋼業が世界的過剰生産を招いていることを要因に、ＪＦＥスチールは国内生産能力を13％削減する方針である

第３章
支え合う社会保障の現在と未来、その財源

1、安倍政権がもたらした「労働者を守るルール」の崩壊

(1)「アベノミクス」とはなんだったのか

7年8か月の憲政史上最長の在任期間を記録した安倍政権に幕が下りた。1990年代以降の自民党政権は、アメリカの圧力や日本の財界の要求に応えて規制緩和や構造改革を繰り返し、労働者への富の分配を犠牲としながら大企業の収益性の向上を至上する経済政策・税制改革を追求してきた。リーマンショックを経て2012年に組閣された第二次安倍政権は、そのような経済政策の総仕上げのように労働者の権利を守るルールや社会保障制度を破壊していった。

確かに、安倍政権のもとで、大企業は史上最高の収益を記録し、富裕層は自らの資産を大きく増やした。一般家庭でも専業主婦や退職した高齢者が働きだしたことで世帯収入は増えたかもしれない。しかしながら、多くの人びとには生活が豊かになったとの実感はほとんどないだろう。むしろ、賃金格差や貧困が広がり、税や社会保障の負担が増えることで自らの将来に不安を感じ

ている人びとの方が多いのではないだろうか。

第二次安倍政権は、三本の矢になぞらえた「アベノミクス」を経済再生の看板政策として打ち出した。大胆な金融緩和、機敏な財政出動、民間投資を喚起する規制緩和の混合政策で、デフレ脱却、富の拡大をめざすというものだった。実態は、日本銀行が市場から国債を大規模に買い取り、資金をじゃぶじゃぶと供給することで為替相場を円安に誘導。さらには、年金積立金や日本銀行のオペレーション（金融緩和政策）を使って日本の株式を大量に購入し、株式市場を買い支えるという前代未聞の手段を用いて、政府の関与が常態化する「官製市場」ともいうべき異常な金融市場を作り上げた。

「アベノミクス」政策は、大企業の収益を改善させ、利益がトリクルダウンすることで経済活動全体を活性化させ好循環を生み出すといった「新自由主義」思想が背景にある。安倍政権は、税制でも社会保障制度でも大企業の負担を大幅に軽減し、大企業の利益拡大を支援した。その歪みは国民負担が増える形で現れた。不公平税制はより不公平に改悪され、社会保障は無慈悲に切り捨てられ、労働法制の規制緩和で非正規労働者が大量に増える不安定な労働市場を生み出した。

⑵社会保障費は1・14兆円も自然増を削減

日本では、当面の間、戦後の人口構造の要因のため高齢者人口が増えるのは避けようのないことだ。高齢者の人口が増えれば、当然、社会保障費が増える。問題は、増える社会保障費に対しどのような政策で臨むかである。

安倍政権は、自ら編成した過去8回の一般会計予算、2013年度予算～20年度予算の間に、社会保障費の自然増を毎年度抑制してきた。制度改正による削減だけを単純に合計しても8年間で1兆1420億円の予算を削減している。小泉政権による「聖域なき構造改革」は2002～06年度の5年間に社会保障費1・1兆円を削減したが、それに匹敵する規模である。

社会保障費の抑制方針は、毎年6月に閣議決定される「経済財政運営と改革の基本方針」（「基本方針」）の中で定められた。「基本方針2015」では過去3年間（2013～15年度）の社会保障費の伸び1・5兆円上限を2016年度～18年度にも適用することを決め、「基本方針2018」では2020年度に向けてその実質的な増加を高齢化による増加分に相当する伸びに抑えるとした。

予算の上限を決めて抑制することを前提で調整すれば当然、社会保障の利用者に負担がしわ

表１　国の一般会計　社会保障費自然増の削減内容（億円）

	自然増	削減後	制度改革による削減額	おもな削減内容
2013年	8,400	7,200	▲1,200	生活保護見直しなど
2014年	9,900	8,200	▲1,700	薬価引き下げなど
2015年	8,300	6,600	▲1,700	介護報酬引き下げ、協会けんぽ補助引下げなど
2016年	6,700	5,000	▲1,700	診療報酬引き下げなど
2017年	6,400	5,000	▲1,400	高額療養費の自己負担引き上げなど
2018年	6,300	5,000	▲1,300	薬価引き下げなど
2019年	6,000	4,780	▲1,220	薬価引き下げ、介護納付金総報酬制の拡大など
2020年	5,300	4,100	▲1,200	薬価引き下げ、介護報酬引き下げ
合計	57,300	45,880	▲11,420	

出所：財務省 HP より作成

寄せされる。不必要な項目を削減するための予算の見直しは必要だが、必要な社会保障費の削減は社会保障を受ける人にとって切実な問題である。２０１３年度には、生活保護の見直しで１１９０億円の削減、２０１５年度介護報酬の引き下げ１１３０億円、２０１８～20年度生活保護母子加算の削減１６０億円など、当事者には切実な予算が無慈悲に切り捨てられた。

安倍政権は、社会保障費の自然増の抑制の他にも、様々な理由をつけて社会保障の削減を実施している。例えば、特例水準解消による年金の削減が２０１３～15年度に行われた時には約１・３兆円の年金が減らされた。安倍政権の８年の間には年金のマクロ経済スライドによる年金の削減や70歳以上の窓口医療費２割化による負担増など、総額で４・５兆円を超える社会保障費が圧縮された。[1]

(3)消費税収は倍に、法人税は空洞化──税収構造の変貌

安倍政権下のたった8年弱の間に、国の税収構造は大きく変貌した。2014年4月と2019年10月の2度にわたり消費税を増税。標準税率を5%から8%、8%から10%へと倍に引き上げ、国と地方分を合わせ約13兆円もの増税を行ったためだ。この結果、2020年度予算で初めて、所得税収や法人税収を超えて消費税収入がもっとも多い税となった。しかも、戦後の財政で基幹税であった法人税収はすでに消費税収の半分強しかなく、その機能を失いつつある(図1)。

逆進性のある消費税の比率が高まれば、税制による格差を縮める機能が縮小することとなり、当然、税による所得再分配機能は低下する。つまり、所得税の累進税制度により所得の格差を正してきた近代税制の歩みにも逆行する事態となっている。

政府は、社会保障財源と消費税をリンクさせて「税・社会保障一体改革」と名をつけて、社会保障財源は消費税しかないように誤解させ、消費税率5%から10%への引き上げを「正当化」してきた。しかしながら、社会保障費の財源は消費税収のみとする考えに何の合理性もない。いうまでもなく消費税は社会保障のための特定財源ではない。すべての国民が安心して暮らせる社会

図１　国の一般会計税収（主要税目）の推移

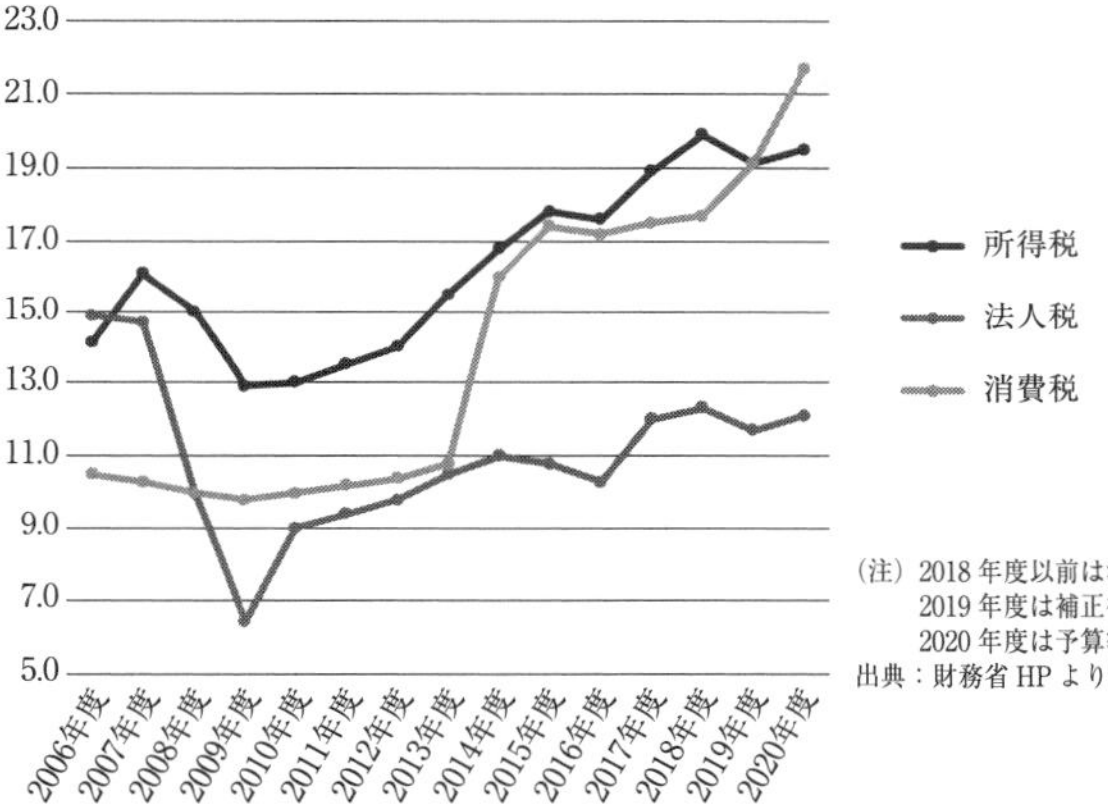

（注）2018 年度以前は決算額、
2019 年度は補正後予算額、
2020 年度は予算額である。
出典：財務省 HP より作成。

出所：財務省 HP より作成。

図２　社会保障経費と消費税収の関係（2020 年度）

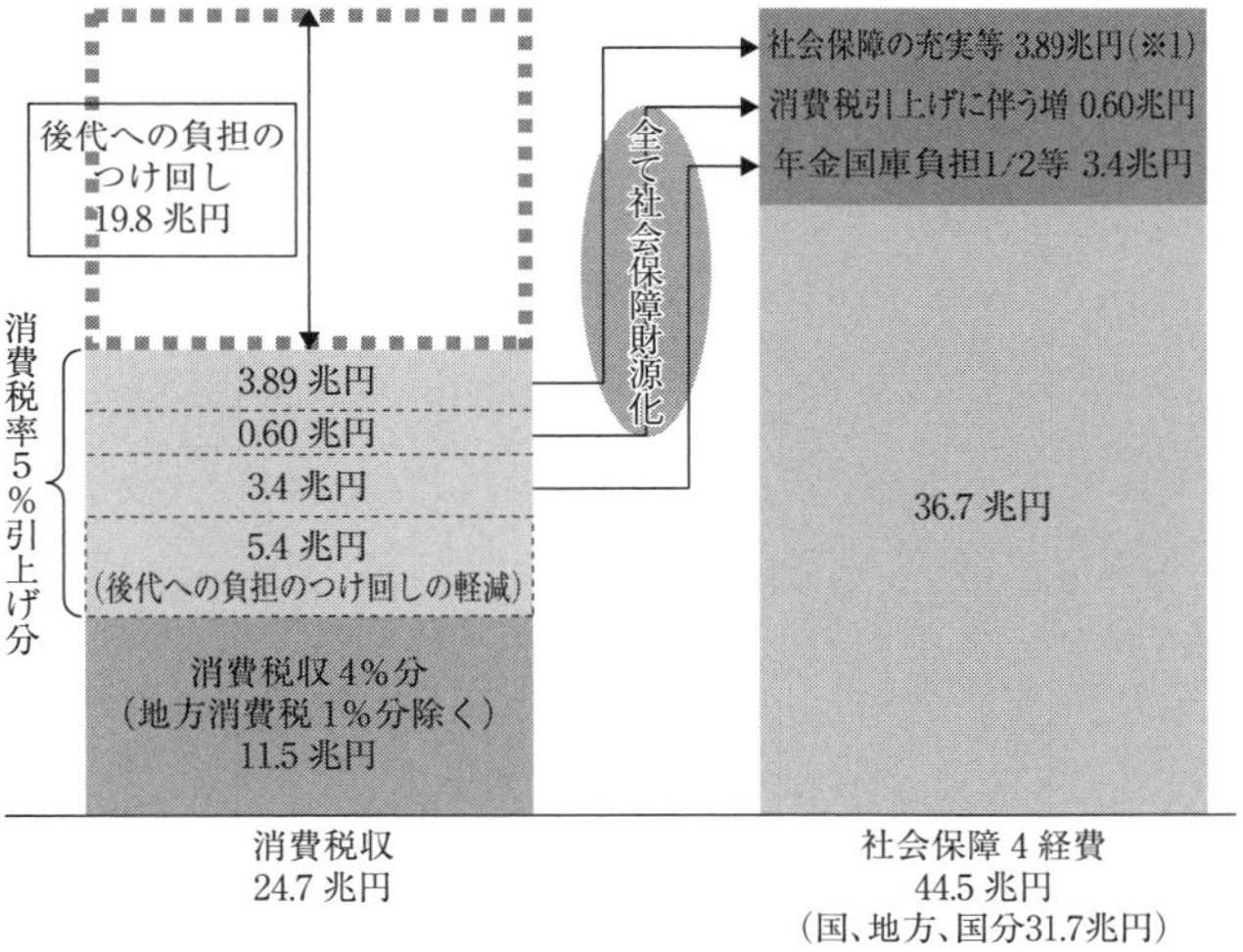

（※1）社会保障改革プログラム法等に基づく重点化・効率化による財政効果（▲0.4 兆円）を活用した分とあわせ、社会保障の充実（4.29 兆円）を実施している。
（※2）消費税収及び社会保障４経費の各数値は、軽減税率制度の影響を反映した令和２年度当初予算ベースの国・地方の数値である。

出所：財務省「日本の財政関係資料」（2020 年７月）より作成。

保障を維持するために、税収などすべての歳入から必要な財源を配分するのが政府の役割である。図2のように消費税と社会保障費を並べたところで、実際に社会保障支出の半分は別の財源で賄っているのであり、消費税を特定財源のように考えるのは、消費税増税の言い訳に利用しているとしか言えない。したがって、消費税をこれだけ増税しても消費税以外の部分がある限り、社会保障が良くなったとの実感にはつながらない。

むしろ、消費税増税を正当化する一方で法人税率を同時期にセットで引き下げているため、財政の健全化にもつながっていないことを重視すべきだ。消費税導入時の法人税率は40％であったが、安倍政権で23・2％にまで引き下げられた。この結果、２０２０年時点で消費税収入の約半分の税収しか見込めなくなった。法人税減税分を消費税増税で穴埋めしている状態だ。これでは消費税増税で社会保障が充実するわけがない。

(4)労働者の約４割が非正規雇用という異常

１９９０年代の労働分野の規制緩和以来、パート、アルバイト、派遣労働者などの非正規雇用労働者の比率は高まっている。90年ごろには非正規雇用労働者の割合は20％前後であったもの

図３　正規雇用労働者と非正規雇用労働者の推移

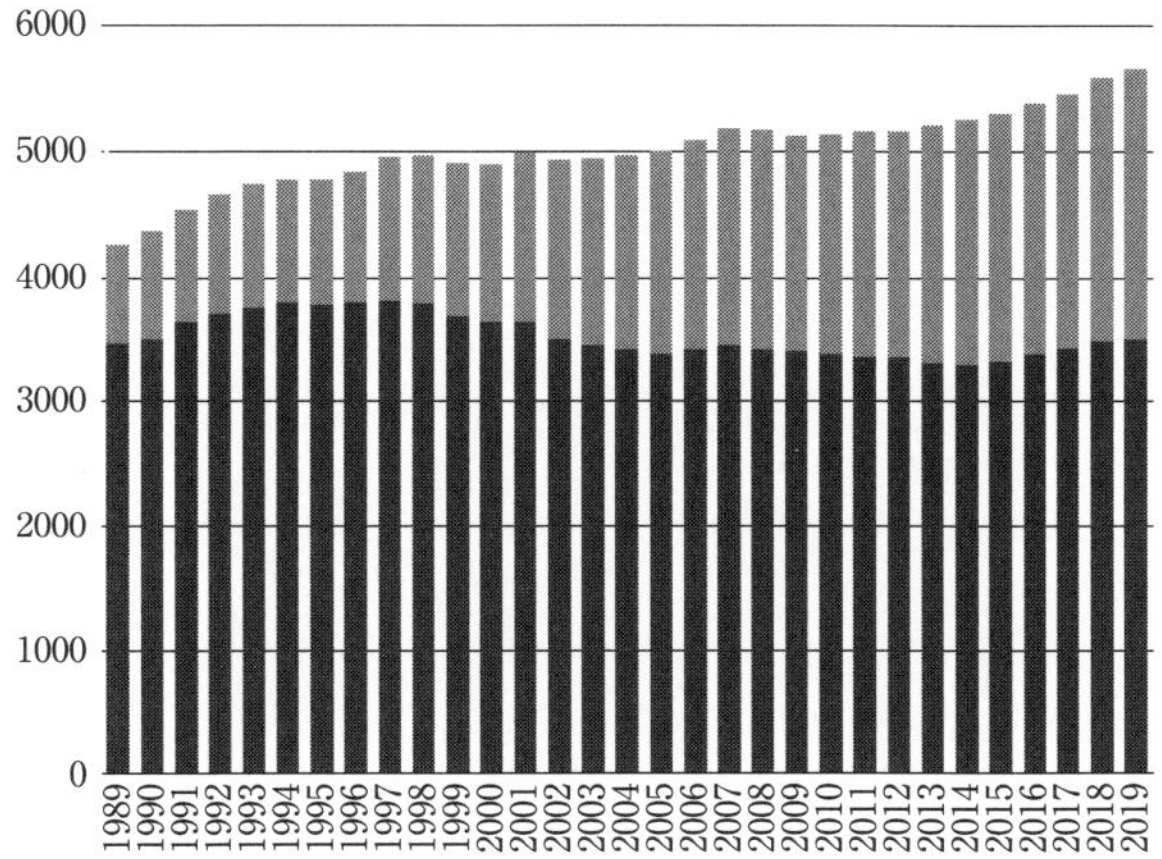

出所：総務省、労働力調査より作成。

が、直近の２０１９年には38・３％と約2倍にも増えた。

　安倍首相は、「アベノミクス」の成果として４００万人を超える雇用を作り出したと実績を強調するが、安倍政権下では非正規雇用の増加傾向がとりわけ顕著に表れた。非正規雇用は２０１２年の１８１６万人から２０１９年２１６５万人へと約３５０万人増加した。一方、正規雇用はリーマンショック直前の３４４９万人（２００７年）から３４９４万人（２０１９年）へと約45万人増えてはいる。しかし、４００万人の実態は、戦後最長の景気拡大期に増えた雇用の９割近くが非正規雇用というものだった。

　近年では、非正規雇用労働者に占める65歳以上の高齢者の割合が高まっている。やりがいを求めて働く高齢者もいることを否定はしないが、多くの働く高齢者は少ない年金や不十分な貯蓄を補うために働いている。社会保障審議会に提出された資料によれば、65歳~69歳の高齢者のうち51%が、働く理由として「経済的要因」をあげていて、「やりがい」を理由とするものは15%程度しかいないのが現実である。これは高齢化社会を迎えたにもかかわらず低年金で働かざるを得ない人びとがたくさんいるということ示しており、安倍首相が雇用が増えたと誇るほどのことではないということだ。

2020年7月の労働力調査は衝撃であった。コロナ禍で雇用は徐々に減少していたが、7月には非正規労働者が前年比で131万人減と過去最大の下げ幅を記録した。コロナ対策で雇用調整助成金の特例措置などの支援があるものの、正規労働者数は減っていないことから恩恵は正規雇用にとどまり、非正規が雇用の「調整弁」として解雇もしくは継続の打ち切りをされたことが浮き彫りとなった。

年金の不足を非正規雇用で働くことで補っていた高齢者は、その仕事すら失えばどうなるのであろうか。高齢になればなるほど再雇用は難しくなるし、病気など不測のリスクも高くなる。蓄えがなくなれば即困窮することは明らかだ。仮に、少しの蓄えがあったとしても70歳代、80歳代の未来の生活に不安を感じるだろう。まさに、このような高齢者にとって、非正規でも雇用は命綱である。高齢の非正規労働者が景気の調整弁として利用される現状は問題でしかない。

(5)菅義偉首相の「自助・共助・公助」の理念は「自己責任社会」か

菅義偉首相は就任の記者会見で、「自助・共助・公助、そして絆」が自身のめざす社会像だと語った。「まずは自分でやってみる。そして家族、地域でお互いに助け合う。その上で政府がセーフティーネットでお守りをする。こうした国民から信頼される政府を目指していきたいと思います[2]」ということらしい。この考えは、前任の安倍首相が「内閣の最重要改革」と位置付けた「全世代型社会保障検討会議」が示している核心部分に他ならない。

２０１９年12月19日に公表された「全世代型社会保障検討会議中間報告」では、全ての世代が公平に支える社会保障を目的に掲げ、「改革全般を通じて、自助・共助・公助の適切な役割分担を見直し」つつ、これまでの社会保障制度からの転換を図るとした。このことを「社会保障システム自体の改革」と説明する。

二宮厚美氏は、ここでいう「システム自体の改革」について「社会保障システムを憲法25条の生存権を中心にした体系だという見方を変えるものだ」と的を射た指摘をしている[3]。２０１２年の通常国会で成立した「税・社会保障一体改革」は「高齢化社会を支える社会保障財源」として消費税増税を正当化するもので、安倍政権で消費税税率を10％に引き上げるまでの政府の社会保障政策の中心課題であった。増税を実現した今、いよいよ社会保障のための財源の新規拡充は一切見込めない。そこで、全世代型社会保障で基本理念を「人権＝権利としての社会保障」から「共助・連帯としての社会保障」に転換し、公的関与を縮小することで増える社会保障費を抑えようというのが「全世代型社会保障」の本質部分である。

具体的に示された検討会議がめざす社会は、年金が不足する高齢者は働いて生活費を稼ぎ、現役世代も「フリーランス」という雇用法制に守られない「労働者」を適正に拡大する、自己責任社会である。人生１００年時代と持ち上げ、高齢者には生涯現役で活躍できる社会を創るとする。実態は、社会保障の削減により不足する高齢期の生活原資を自ら稼ぐ社会である。しかも働けなくなったら安心できる社会保障が提供されるわけでもない。その時点で所有する資産と貰える年金で生きていくしかない。先ほど、65歳～69歳の高齢者のうち51％が、働く理由として「経済的要因」をあげていることを紹介したように、現実を無視した発想でしかない。

また、雇用の面でも、フリーランスを「多様な働き方の拡大、ギグエコノミーの拡大による高齢者雇用の拡大、健康寿命の延伸、社会保障の支え手・働き手の増加などの観点からも、適正な拡大が不可欠」と位置づけた。つまり、労働者を正規雇用から非正規雇用に置き換えてきたこれまでの雇用政策から、さらに、労働者性を排除し労働者としての権利から完全に切り離す非雇用化（労働者を事業主とする）を進めるものだ。企業にとっては、労働者保護法制から逃れられ、さらに都合の良い「雇用」関係が結べることとなる。フリーランスが様々な新型コロナ感染症支援策から排除されていた事実を棚上げし、フリーランスの「適正な拡大」を図るなど不安定な低所得層を拡大し、格差社会を広げるだけだ。

これらを踏まえ「基本方針２０２０」（２０２０年7月17日閣議決定）では、「新たな日常」を支える社会保障を構築するために、女性や若者などへの支援で格差拡大の防止を図り、地域社会やコミュニティ等において高齢者の見守り、助け合いが充実した地域共生社会の構築を進め、包摂的な社会の実現を目標に掲げた。自助・共助そして絆を「包摂的な社会」と言い換え、社会保障の公的な責任を地域住民の共同・協働やボランティアの力に依拠したコミュニティの自発的な取り組みに転嫁する狙いだ。格差や貧困が拡大する時に社会保障の公的役割を後退させると格差社会がますます深刻化する。菅政権の今後の動きには注意する必要があるであろう。

2、21世紀に向けた「支え合う社会保障」のあり方を考える

(1)「支え合う社会保障」、税と社会保障による所得再分配の強化を

安倍政権のもとで、新自由主義的な経済・社会政策がより強まり、人びとのくらしの安心は崩壊しつつある。実質賃金の低下や非正規雇用の拡大は安定した所得が期待できない中間層・低所得層を増やし、2度にわたる消費税の増税や年金を含む社会保障の削減で可処分所得は減りそのような層の生活はいっそう苦しくなった。一方で、大企業や富裕層への富の集中は進んでおり、日本において社会に分断が起こり始めている。新自由主義的な自己責任社会の道をさらに進めるのか、人びとのくらしの安心が公的扶助に守られる社会をめざすのか、重大な分岐点を迎えている。

パンデミックは、新自由主義に追い詰められた社会的弱者の存在と実態を浮き彫りにした。安倍政権下で急増した非正規労働者が真っ先に解雇され、転職もままならず、深刻な事態を生んで

いる。以下は朝日新聞に紹介されたある女性の例だ。

「40代の女性は、葬儀場で食事を提供する会社で14年間、非正社員として働いた。繁忙期は休日返上で職場に貢献してきたつもりだったが、新型コロナウイルス禍で会社が休業すると、非正社員に休業手当は出なかった。結局、7月で解雇。安定した次の仕事は見つからず、やむを得ず、個人請負の配送の仕事についた。雇用保険もなく労働者として守られていないが生活のためには仕方がないと言っている」[4]

２０２０年7月の総務省の労働力調査によると、前年同月比で非正規労働者のうち１３１万人が職を失った。完全失業者数も41万人増えて１９７万人へと大幅に増加している。違法なケースも含めて、多くの非正規労働者は休業手当も失業給付もなく雇用のセーフティーネットに守られていない。安倍首相は４００万人を超える雇用を作り出したと強調していたが、その実態は３５０万人が非正規雇用であり、企業が景気の調整弁として扱っていると言うのがその実態である。

我々がめざすべき社会は、すべての人びとが安心して生活できる社会である。前述の女性のような人びとを放置する社会であってはならない。安倍政権が強めた新自由主義的政策や菅首相らが主張するような住民による自助・共助の助け合い精神を前提とする「地域共生社会」では、「支え合う社会保障」は実現できない。

自助・共助を強調することは、これまで社会保障や雇用ルールなどを切り捨ててきたことを不問にし、問題の原因を自己責任に置き換えるだけでしかない。公的扶助の役割を位置付けることで誰もが救われる社会を作る必要がある。菅首相が述べているような家族やご近所の助け合い、地域における「包摂社会」というと耳障りは良いが、失業や貧困などの問題が社会の構造から発生する限り本質的解決には至らない。むしろ、本当の「包摂社会」をミスリードしているだけだ。現代の資本主義がもたらした競争社会・格差社会のもとでは、産業活動により発生した富が一部の大企業や富裕層に集中するばかりで、その他の大勢の人びとで助け合ってもそこには限界がある。

社会に安心をもたらすためにとりあえず必要なことは、菅政権による社会保障の改悪に反対し、それを阻止することである。さらには、安倍前政権をはじめとする自公政権、それ以前の自民党政権が行った改悪を再検証し、労働により適切な所得が配分される雇用制度や、税や社会保障による所得再分配機能を持った社会の仕組みを今日的な方法で取り戻すことが必要となる。

(2)資本主義の矛盾を乗り越えてこそ、「支え合う社会保障」の実現

ただしそれだけでは、本当の意味で「支え合う社会保障」の実現は困難であろう。今や国境を越えて利益の拡大を追及する今日の資本主義は、格差や貧困の拡大を世界中にばらまき、ひとつの国の制度だけでは規制することができない。国境を越えた競争では、労働力のコストにも国際競争が持ち込まれ、その結果、先進国では相対的に労働者の賃金が引き下げられる。社会保障のコストも同様だ。しかも、世界中にあふれた資本が高い収益を実現した企業に集中し、さらに富の集中が促進される。

当然、そのような資本主義の中でも労働者の権利や所得再分配機能を強化するための仕組みを国際的に進めていくことで、ある程度の規制を実現しなければならない。同時に、そのような矛盾を生み出しながらでしか拡大再生産できない資本主義のあり方にも規制をかけなければならないであろう。資本の活動が、すべての人びとの生活向上やくらしの安心につながるよう新たな社会の仕組みを模索してこそ、本来の「支え合う社会保障」の実現に希望が見える。

２０２０年、新型コロナウイルス感染症のパンデミックは、どの国においても貧困層に大きな打撃を与えている。例えば、新型コロナの感染による死者数が20万人を超えた米国では、公衆衛生もままならない生活環境に置かれた貧困層の感染率は高く、重症化して死亡者を多くもたらした。報道によれば、アフリカ系アメリカ人の死因3位になるほど犠牲が集中している。イギリスでも貧困地域に住む人ほど死亡率が高いとの統計が政府により公表された。[5] 新自由主義が加速させている貧富の格差の拡大は、命の重さにも格差をもたらしているのだ。

世界各地でリベラル派の市民や左翼政党などを中心に、新自由主義がもたらした今日的課題を乗り越える挑戦が始まっている。格差拡大を助長する不平等な税の実態をあばき国際的な取り組みで民主的な税制の確立をめざす動きと、すべての人びとに対する直接的な給付で最低限の生活の保障をめざすベーシック・インカムへの挑戦である。日本の社会保障のあり方を考えるうえで、どのような視点が必要か、選択肢とその課題について検討する。

(3)深刻化する貧困問題をどう乗りこえるか

現代の資本主義で深刻化する問題のひとつが貧困、とりわけ相対的貧困の問題である。相対的貧困とは、その国の文化・生活水準と比較して困窮した状態のことを言い、その等価可処分所得の中央値の半分に満たない所得しか得ていない人と定義されている。日本の相対的貧困率は、2012年が16・1%、16年が15・7%もあり、約6人に1人が貧困の状態にいる。OECD加

図4　日本の相対的貧困率は7番目に高い

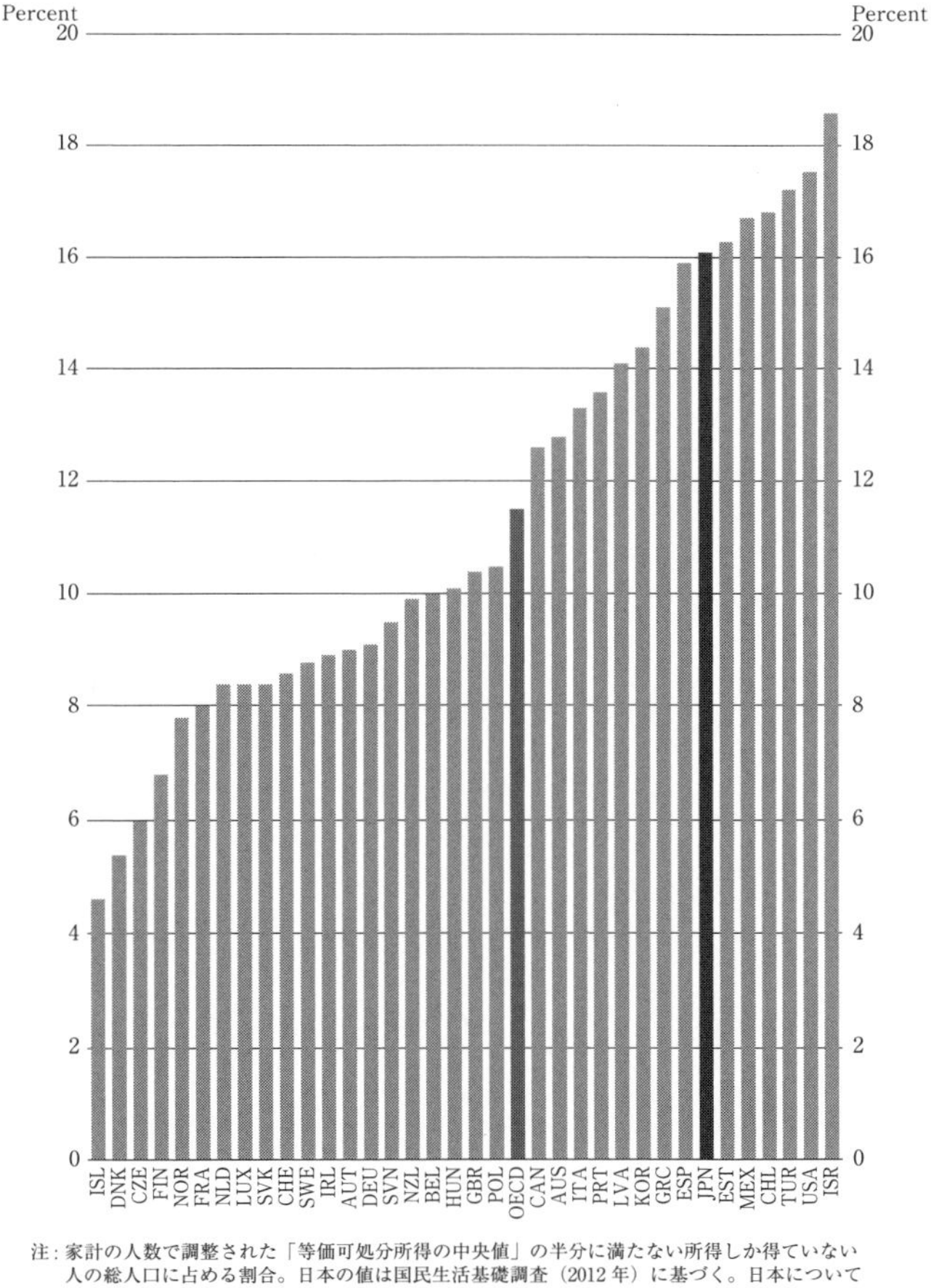

注：家計の人数で調整された「等価可処分所得の中央値」の半分に満たない所得しか得ていない人の総人口に占める割合。日本の値は国民生活基礎調査（2012年）に基づく。日本についてのもう一つの調査である全国消費実態調査によると、相対的貧困率は2009年の10.1％から2014年の9.9％に低下した。

出所：OECD（2017g）,*Income Distribution.*（データベース）

盟国の中で7番目に高く、日米欧主要7か国（G7）のうち米国に次いで高い。

相対的な貧困といっても、比較的貧しいと言った水準ではない。実際に、経済的な理由で必要な食料が買えなかった経験、困窮経験を持つ世帯が約14％、7世帯に1つの割合で存在している。国立社会保障・人口問題研究所が2017年7月に実施した「生活と支え合いに関する調査」によれば、高齢者世帯やひとり親世帯でその傾向が高くなる。とりわけ、ひとり親世帯（二世代）は深刻で、約36％が食料の困窮経験があったと回答している。

シングルマザーの支援に取り組むしんぐるまざあず・ふぉーらむや研究者などで立ち上げられた調査プロジェクトチームは、新型コロナが及ぼす生活実態調査を2020年7月に行い、その実態を明らかにした。ひとり親で母親のみ世帯の約80％が就労しているにも関わらず、その5割が貧困ラインを下回るという現実がある。もともと生活が苦しい上に新型コロナの影響で収入が大きく減ったり職を失ったりした。基本給付と追加給付合わせて10万円（子どもが2人以上の場合1人当たり3万円を加算）の臨時特別給付金の支援では、生活を維持できないほど困窮しているということだ。

回答者の約6割が非正規雇用者でかつ平均10万円を少し超える程度の収入だが、2020年2月と7月を比較して約5割の人が収入は減ったと回答している。しかも、1割の人が解雇・雇い止め・会社の倒産に伴う失業状態だ。回答者のひとりは、仕事が減り「子どもたちにも今は2食で我慢してもらい、私は2日に1食が当たり前。子どもも私もここ3か月で体重が激減」と窮乏を訴えている。

調査プロジェクトチームは、調査報告書を踏まえ、新型コロナウイルス対策で給付される低所得ひとり親（母）に世帯への臨時特別給付金を年内に再度給付することを求めている。さらに、コロナ危機以前から、脆弱な状況にあるひとり親が、子どもを育てるのに十分な収入が得られ、教育へのアクセスを保障できるよう、緊急支援に加えた恒常的な支援の拡充および政策が求められると政府に要請している。

高齢者の貧困も深刻な事態に直面している。男性・女性問わず高齢者の相対的貧困率はかなり高い。男女別・世帯類型別に高齢者（65歳以上）の相対的貧困率を見ると、２０１５年の男性単独世帯で29・2％となり、女性単独世帯は46・2％と最も高い水準にある。[6]高齢女性の貧困がより高いのは基礎年金だけの受給者が多いことと、公的年金の基準となる現役時代の収入が少ないことがおもな原因だ。40年間払い続けても1か月分で満額7万円にも満たない老齢基礎年金額では最低限度の生活が保証されるわけがない。結局、多くの高齢者が年金給付では生計を維持できなくなり、生活保護を受給する高齢者が増えることとなる。

伊藤周平氏は「生活保護法は、自立助長を目的としており、経済的自立がほとんど不可能な高齢者の支援策として位置付けることは、もともと無理がある」と指摘し、その他の制度や支援策によって最低生活が保障されるべきだと主張するがその通りである。[7] 生活保護には受給の際のスティグマや資産要件などのミーンズテストがあり、受給者の尊厳を傷つけることが受給の壁として指摘される。公的年金以外に稼得能力が乏しくなる高齢者を支える制度として、最低生活保障の機能のある年金制度の改革が求められている。

現代の日本の社会には、シングルマザーや低所得の高齢者以外にも、社会保障により安心できる暮らしが保障されていない人びとも多くいるだろう。そのような人たちに自助努力や家族や地域の助け合いだけで自立を求めるには限度がある。やはり、すべての人びとが安心して暮らせる社会を実現するには、公的扶助を基盤とする社会保障制度を創ることが必要であり、とりわけ、稼得能力が期待できない人びとへの直接給付のあり方が検討されるべきであろう。

(4) 給付付き税額控除という選択肢

低所得層の最低限度の生活を支えるため、すでに一部の国で導入されているのが給付付き税額控除である。「一定の所得以上の勤労所得のある個人あるいは世帯に対して一定額の税額控除を与え、低所得のため税負担が少なく控除しきれない場合には給付する」制度だ。２００８年度政府税調の答申によれば、「若年層を中心とした低所得者支援、子育て支援、就労支援、消費税の逆進性対応といった様々な視点」から各国で取り入れられているという。

２０１２年に「税と社会保障の一体改革」が国会で協議された際、民主党政権による原案では、消費税率の10％への引上げと同時に本制度の導入を想定していた。実際には、民主・自民・公明の３党合意で一体改革は成立するものの、民主党は直後の総選挙で政権を失い、公明党が強烈に主張した軽減税率が逆進性対策として導入された。

給付付き税額控除のメリットは、一定の所得以下の納税者・世帯を対象とするので、課税ベースの浸食が限定される一方、所得税の所得再分配機能を高めることができることである。単純にいえば、課税最低限以下の収入の場合、所得控除を使いきれないが、その差額分など一定額の給付がされるため、相対的貧困を緩和することが期待できるということだ。

先行するカナダでは、低所得者への配慮として、所得税の枠組みの中でＧＳＴ／ＨＳＴ税額控除を設けている。その趣旨は、一定の所得以下の人に対して生活必需品に係る税額を還付することにある。夫婦子二人の場合で最高８５４カナダドル（6・9万円、２０１６年当時）の還付を受けられる。所得が3万6429カナダドル（295万円）を超えると還付額は逓減する。還付のための申告は不要で、カナダ歳入庁が所得税の申告書をもとに受給資格の有無や控除額を判定する。年4回に分割して支払われる。[8]

一方、給付付き税額控除導入には、「正確な所得の補足が不可欠で、そのための体制整備」の課題が残る。給付付き税額控除の導入を主張する森信茂樹氏は、「所得把握をするために納税者番号の導入が必要、不正還付への対応、税務当局が課税最低限以下の情報を持っておらず還付が難しい」と述べている。[9] 佐藤一光氏は、その新たな財源として消費税率の引き上げばかりが強調されるがその他の租税項目の検討が不十分と指摘し、租税体系の再編の中で給付付き税額控除が位置付けられるなら選択肢の一つとなると言う。[10]

給付付き税額控除にはその他にも課題が指摘される。そもそも給付の対象は勤労を前提とするため、年金所得の高齢者や失業者、傷病により働けない人などへの対応を制度に組み込みにくい問題もある。

(5)最低限の生活をいかに支えるか、海外で注目されるベーシック・インカム論

２０２０年７月23日、ＵＮＤＰ（国連開発計画）は報告書「臨時ベーシック・インカム：開発途上国の貧困・弱者層を守るために」を公表した。世界の貧困層を対象に臨時ベーシック・インカムを直ちに導入すれば、現状の新型コロナウイルスの感染者の急増を抑えられるという内容だ。開発途上国では労働者の10人に７人がインフォーマル市場で生計を立てているため、多くの人びとが自宅に留まっていては収入が得られないため生きてゆけないという現実が、本報告書の問題意識の背景にある。アヒム・シュタイナーＵＮＤＰ総裁は「前例のない時代には、前例のない社会的・経済的措置が必要です。その一つの選択肢が臨時ベーシック・インカムの導入です」と賛同を訴えている。

そもそもベーシック・インカムとは、社会成員に対する無条件的な定期的現金給付を指す。従来の社会的給付、公的扶助のほとんどが労働能力、所得資産の欠如を条件とするものであるのに対し、就労、資産、婚姻の有無などを問わない給付である。[11] 今回の報告書では、新型コロナウイルス感染症の拡大を防ぐ期間の措置であるため、臨時ベーシック・インカムと言っている。

各国でもベーシック・インカムの導入に向けた動きがある。３月18日、英国のボリス・ジョンソン首相は、国が無条件で現金を配り全国民に最低所得を保障するベーシック・インカムの検討を表明した。スペインの左派政権は、５月29日、最低所得保障制度を閣議決定した。弱者層の家族85万世帯と230万人の個人を対象に、月額2億5000万ユーロの予算で最低基準額まで所得補償を行うことを承認した。アフリカのトーゴ政府は、インフォーマル・セクターで働く女性をはじめとする人口の12％を超える人びとを対象に現金給付プログラムを通じ毎月1950万ドルを超える資金援助を提供している。その他の国でも、コロナ禍により経済的貧困に陥る世帯を支援する所得保障などが行われている。

▽カナダ：収入が途絶えた人に、月々2000カナダドル（約15万2000円）を最長4か月間支給

▽米：年収9万9000ドル（約1050万円）以下のすべての米市民（全世帯の約9割と推定）に、成人1人あたり最大1200ドル（約12万7000円）を支給

▽韓国：所得が低い方から70％の世帯に対し、100万ウォン（約8万7000円）の小切手を送付

▽香港：今年2月、成人1人あたり1万香港ドル（約13万7000円）を支給

▽日本：すべての日本在住者に対し、一律10万円を支給

これらの対策も厳密にみればベーシック・インカムと言い難い。貧困世帯に限定していたり、一時的な給付であったりするからだ。しかしながら、最低限度の生活水準を現金給付により保障

するという目的と手段において、ベーシック・インカムと同類の考えと言える。

このコロナ禍をきっかけに、スペイン、イタリア、ポルトガルの財務担当者は、共同で各国の新聞に一面広告を掲載しＥＵ共通の最低所得制度の構築の必要性を訴えた。現在、スペイン政府は、ＥＵ議会にこの最低所得制度の実現を働きかけている。

新型コロナによる有事とはいえ、突然ベーシック・インカムが注目されたわけではない。近年ベーシック・インカムが注目される背景について、いくつかの理由がある。「所得格差の拡大への危機意識の高まり」「新興国の出現による先進国の雇用の不安定化」「多国籍企業や富裕層による納税回避行動への批判」「ＡＩの導入による仕事の減少への不安」などから、多様な意見が提案され、議論されている。

欧州の一部の国では、すでに社会実験を始めている。例えば、フィンランドでは、２０１７年1月に2年間の実証実験を開始した。２０００人に月額５６０ユーロ（約6・6万円）を給付した。２０２０年5月に最終報告書が発表され、ベーシック・インカムが支給されたグループは、通常の失業扶助等受給者のグループと比較して、就労に与える影響はわずかであり、一方で、主観的な幸福度が上昇する効果があったとまとめられている。

その他にも、オランダは、２０１５年に制定された参加法に基づき、公的扶助のより効果的な在り方等を探るために最長3年間実験するという。フローニンゲンとテン・ブールなどで実験実施が許可される。スペインのバルセロナは、最貧国地域に住む1000世帯を対象に現金給付の実験を実施。イタリアでも、「五つ星運動」が市政を担う人口約5・8万人の都市リヴォルノで、2016年から実験的に市民所得と名付けられた現金給付を支給した。

これらの実験は、限定された地域や所得層の限られた人数を対象とした小規模のものだ。全国民的に実施するには、巨額な資金・税収をどう調達するのかという財源問題が必ず発生する。今後これらの社会実験についての検証がなされると同時に財源問題の議論が活発になることを期待するが、すぐに実現できるものではないことは明らかだ。その他にも、最低限の生活が保障されるだけの給付があれば働かなくなるのではないかなど、疑問や課題は山積している。

とはいえ、現状ではEUにおいて、ポストコロナの筆頭の社会保障制度として「所得保障」という考えが有力な選択肢と認識され真剣に検討されていることには間違いない。資本主義の矛盾を乗り越え、「支え合う社会保障」を実現するための一歩となるかどうかはわからないが、今後の議論の礎になることを期待したい。

3、支え合う社会の財源論

(1)不公平な社会を税制はただせるか

新型コロナウイルス感染症が起こしたパンデミックにより、各国の経済は記録的な落ち込みを示した。政府の大規模な景気対策・雇用対策にもかかわらず多くの労働者は大幅に収入を減らしたり仕事を失った。ＩＬＯ（国際労働機関）によれば、２０２０年１〜９月期の世界の労働所得が前年同期比10・７％減少、３・５兆ドル（約３６７兆円）もの損失額に上るとの推計を公表した。これは、４億９５００万人が失業した換算になるそうである。

一方、コロナ禍でもアマゾンの経営者であるジェフ・ベゾフ氏ら世界の富豪の総資産は大幅に増加した。アメリカの政策研究所によると、パンデミック以降（２０２０年3月18日〜6月17日）、アメリカの富豪5名の資産は、１０１７億ドル（約10・９兆円、6月17日1ドル１０７円で計算）増加した。

表2　パンデミック後に増えた米国富豪の資産
（2020年3月18日～6月17日）

名前	資産総額 3月18日現在	資産総額 6月17日現在	3ヶ月で増えた資産額	備考
ジェフ･ベゾフ	12.1兆円	16.8兆円	4.7兆円	アマゾン
ビル･ゲイツ	10.5兆円	11.7兆円	1.2兆円	マイクロソフト
マーク･ザッカーバーグ	5.9兆円	9.3兆円	3.4兆円	フェイスブック
ウォーレン･バフェット	7.2兆円	7.7兆円	0.5兆円	バークシャー･ハザウェイ
ラリー･エリソン	6.3兆円	7.4兆円	1.1兆円	オラクル
5人の合計	42.0兆円	52.8兆円	10.9兆円	
640名強	315.4兆円	377.9兆円	62.5兆円	

出所：米国、Institute for Policy Stidies

世界の経済が急激に落ち込み多くの人びとがくらしの糧を失っているときに、一部の富裕層は逆に莫大な資産増加の恩恵を受ける。しかも、たった5名の富豪の資産が10・9兆円増えて52・8兆円だ。さらにアメリカの富裕層約６４０名を見ると、同時期に資産は62・5兆円増加して総資産が３７７・9兆円に膨れ上がった。全世界の労働者がパンデミックで失った所得に相当する。このような凄まじい富の集中を見せつける現代の資本主義に疑問を持たない人はいないであろう。

近代の租税制度は、所得税に累進税率の仕組みを導入し、高額所得者ほど負担が重い税制で所得の不公平を是正する機能を持たせてきた。本来ならこのような富の集中が税制により再分配されることで公平な社会が築かれるはずであった。しかしながら、新自由主義的政策を持つ政権が世界中に広がるなか、所得税の累進性は緩和され、消費税や付加価値税などの間接税の比重を高くすることで税のフラット化が図られてきた。国家間の競争で法人税の負担も大幅に引き下げられた。しかも、タックスヘイブンを利用した租税回避スキームがどんどん発展し、富裕層や大企業の所得そのものを捕捉すること自体が難しくなっている。

大企業や富豪たちの低い税負担の問題は海外でも問題となり、民主的な税制を取り戻す動きが活発になっている。エマニュエル・サエズ氏らによれば、アメリカでは１９４２年、フランクリン・ルーズベルト大統領の時代に最高限界税率を94％とする所得税の仕組みが導入されたという。当初は戦費調達が目的ではあったが、「低所得者と超高所得者との差を縮めなければならない」との考えから94％にまで税の累進性が高められたそうだ。[12] 氏は、「過剰な富の集中は民主主義にとって、戦争と同じぐらい有害だ」と述べ、かつてない米国の不公平税制を告発し、大胆な改正案を提案している。国内でも、例えば、不公平税制をただす会が民主的な税制に改正すれば38兆円の財源が生まれるとの試算を行っている。異常な所得格差が世界の経済の動向を握っている今、所得格差を埋める税制を構築するためのムーブメントを作ることが必要だ。

(2)「支え合う社会保障」の財源は、だれが負担すべきなのか

そのような資本主義のもと、日本で支え合う社会保障を築くための財源はどのように考えるべ

図５　社会保障財源の対ＧＤＰ比の国際比較

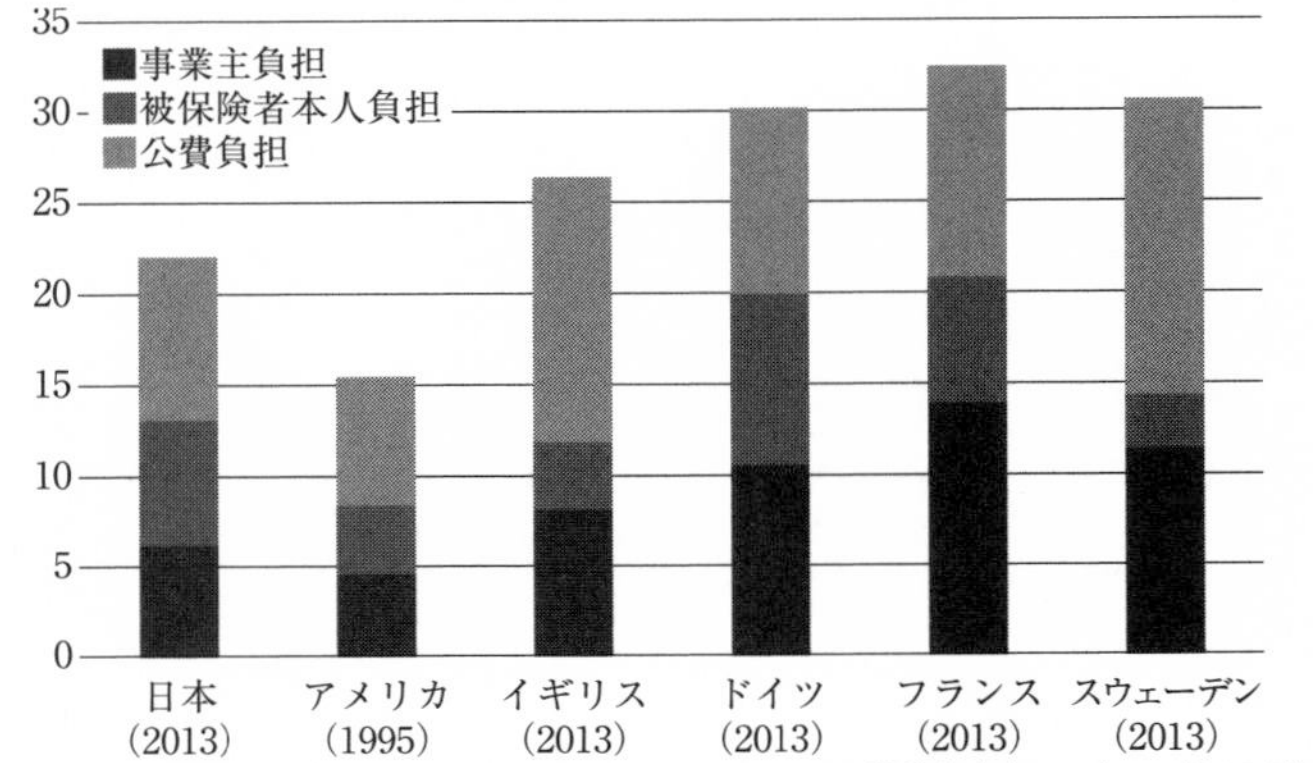

出所：厚生労働省「上手な医療のかかり方を広げるための懇談会」(2018年11月12日)

きなのか。図５は、厚生労働省作成の社会保障財源の対ＧＤＰ比を国際比較したものだ。３つの主体による社会保障財源の構成について比較すれば、日本はアメリカを上回っているものの、フランス、ドイツ、スウェーデンを大きく下回っている。

また、負担者別にみると日本の特徴は、日本政府の公的負担および事業主負担が極めて低いことにある。事業主負担は、アメリカを除く5か国の中で最も低く、一番多いフランスの13・9％の半分にも満たない6・2％である。仮に、その差を金額に換算すると、日本のＧＤＰは約５５０兆円なので差の7・7％をかければ約42・4兆円となる。フランスと比較すれば事業者の負担はそれだけ少ないことになる。逆に、被保険者本人の負担は、一番多いドイツに次ぐ二番目で6・9％となった。つまり、直接的な負担を見れば、欧州各国と比較して企業の負担は軽く個人の負担は重いのが日本だと言える。

公費負担についてもその中身を見ておく必要がある。図５の日本のデータは２０１３年の統計だが、その後、消費税率は２度にわたり引き上げられ、法人実効税率は大きく下げられた。この結果から、仮に公費負担部分の８・９％がその後も大きく変化していないとするならば、８・９％に占める企業の負担割合は下がり、消費税率が倍になることで個人負担の割合が大きく増えたといえる。他の国の税制の動向は確かではないが、少なくとも日本の社会保障財源の負担者を考慮すると、２０１３年よりも公費負担を含めた企業（事業者）負担はより軽くなり、個人（被保険者本人）の負担はいっそう増していると推測される。

日本の社会保障財源はもともと企業負担が少ないうえに、消費税の倍増で低所得者の負担を増やしてきた。これでは、すべての人びとが安心できる社会保障が作れるはずがない。負担能力に応じた税制改正により社会保障財源を確保する方向に改革を進めることが一番の道である。

(3)空洞化する法人税、優遇措置は廃止と応分の負担にかなう法人税率に引上げろ

第１節の図１で示したように、安倍政権のもとで税収構造は大きく変わった。現在は、消費税

図6　税引き前利益と法人税・住民税及び事業税の推移

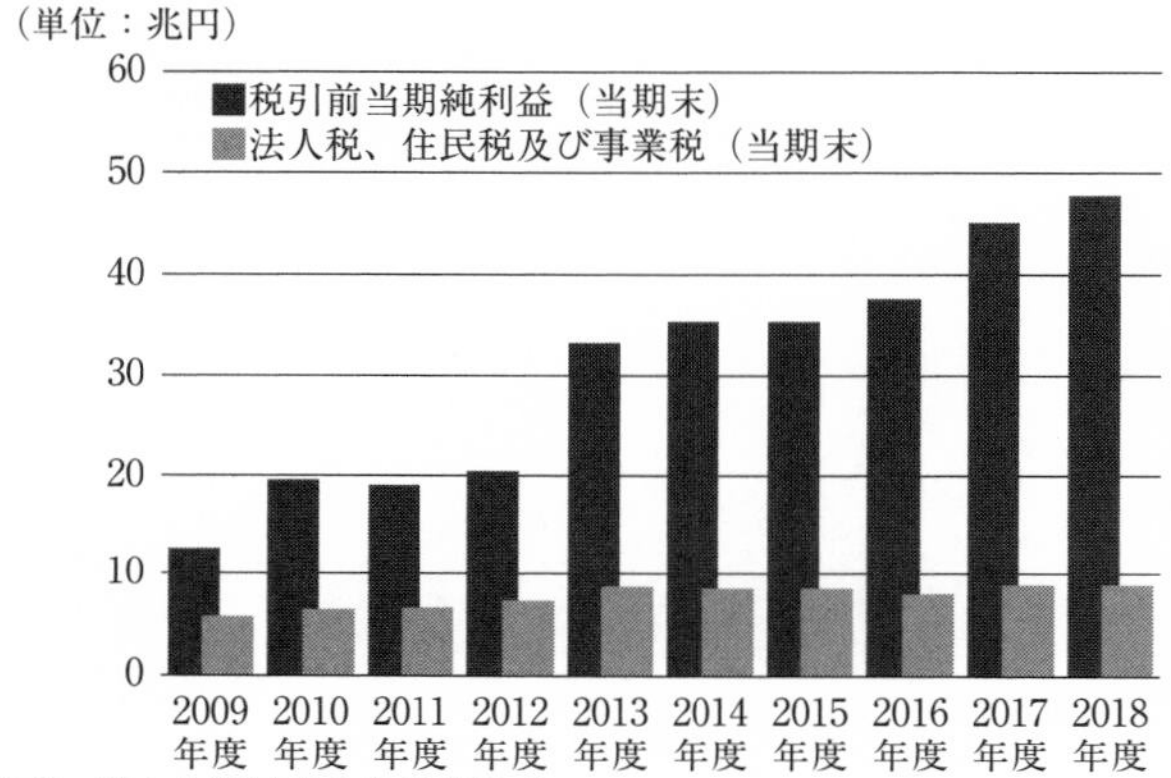

出所：法人企業統計より筆者作成。

と所得税が税収の柱となり、法人税はそれらの約半分でしかない。コロナ禍で法人税収や所得税収の大幅な落ち込みが来年度には予想される。すると、消費税依存はさらに強まることとなる。

図6のように、安倍政権の8年弱の間に、資本金10億円以上の大企業の税引き前利益は大幅に増えたにもかかわらず法人税収はほとんど増えていない。2012年度の法人税、住民税及び事業税による収入は税引き前利益20・4兆円に対し7・2兆円あったのに対し、2018年度は税引き前利益が47・9兆円と2・3倍に増えたにもかかわらず税収は8・8兆円と1・2倍にしか増えていない。

安倍政権は、震災復興財源の特別法人税を前倒しして廃止し、法人実効税率を大幅に引き下げた。企業が世界で一番活躍しやすい環境を作るとの口実で、国家戦略特

図７　資本金階級別の法人税（国税）の状況
（2017 年度　国税庁「会社標本調査」等に基づく簡易推計）

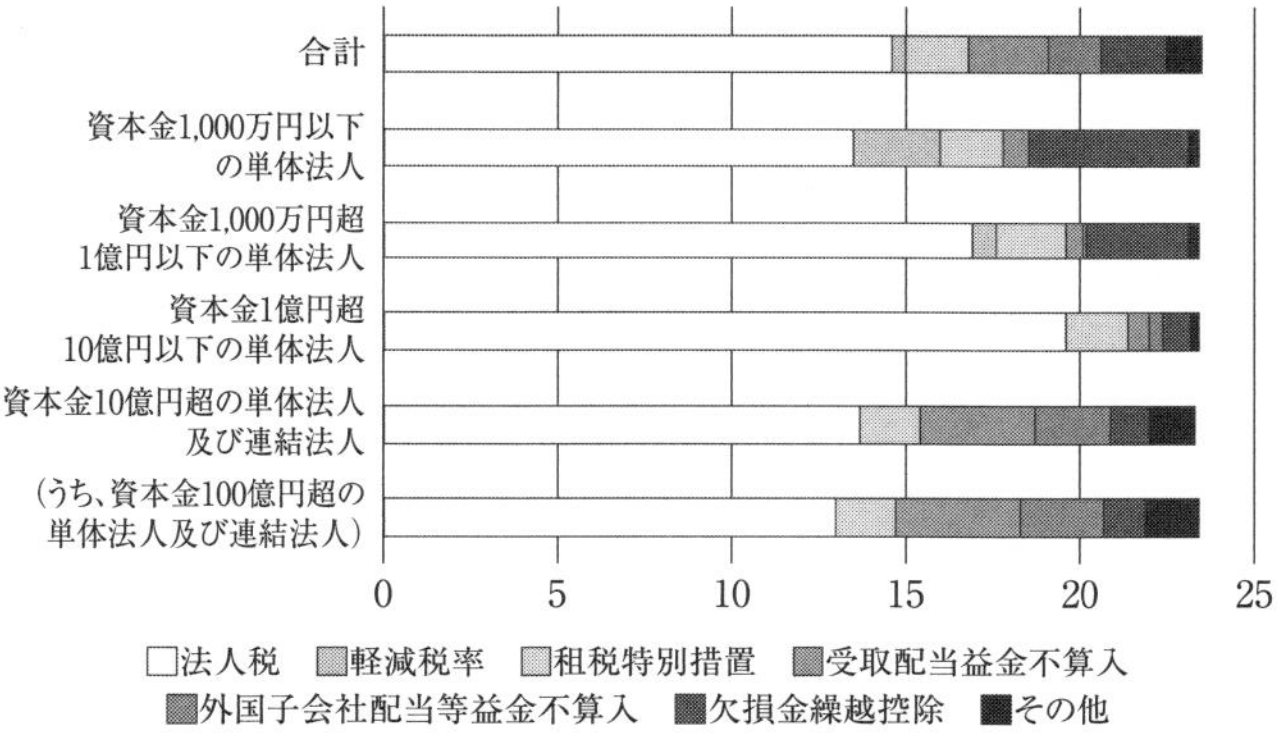

出所：財務省が一定の条件を仮定して試算、財務金融委員会提出資料。

区など様々な手法で租税特別措置を活用した。この結果、そのような制度改正の恩恵を多く受けた大企業ほど税負担割合が低く、利益が増えても税収が増えない法人税収の空洞化が生じている。こんな税制改正を繰り返していれば、景気がいくら回復しても法人税収の大幅な増加につながらない。

さらに、法人税の資本規模別に税の空洞化の要因を分析したのが、図７である。資本金１００億円以上の大企業と連結納税法人の税負担率は、実質13％であり本則の23・４％を大幅に下回る。経済政策上優遇支援をしている中小零細企業の税負担率13・５％よりも低い。例えば、世界有数の収益を誇るトヨタのような大企業の税負担率が、資本金１億円前後の中規模企業より低く、町工場の税負担率よりもさらに低いということだ。

図８　申告納税者の所得税負担率（2018 年分）

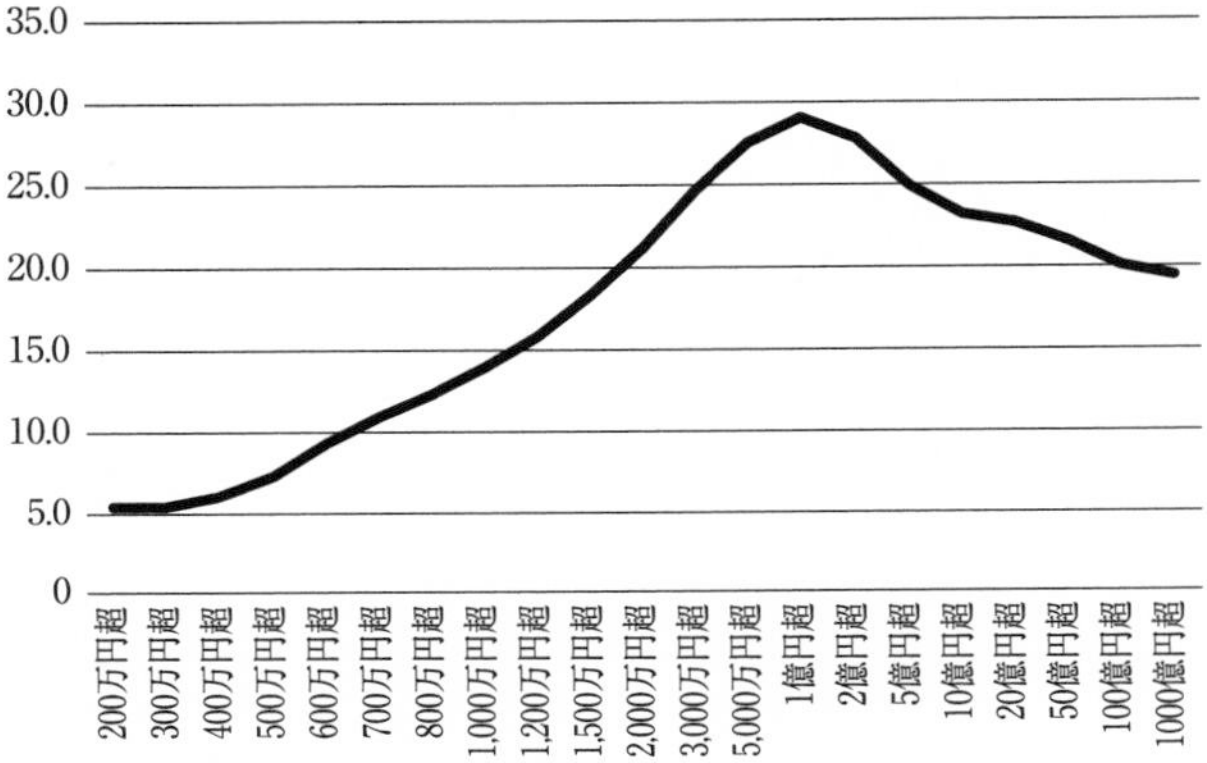

出所：申告所得税標本調査結果（2018 年分）より作成。

大企業の法人税負担を引き下げているおもな要因は、租税特別措置と受取配当等益金不算入制度、外国子会社配当等益金不算入制度である。公正な法人税の構造を取り戻すには、このような法人税を空洞化させる制度を廃止することが必要だ。さらには、応分の負担を求めるためにも、少なくとも安倍政権前までに法人税率を戻すことが必要ではないか。

(4)資産家には天国の所得税、累進構造を取り戻す

安倍政権のもとで雇用者数は大きく増えたものの、その大半はパートやアルバイトなどの非正規労働者であった。図８が示すように合計所得が１億円未満までは所得税の累進構造が機能している。一方、多くの株式を所有する富裕層にとっては資産を大幅に増やせば

増やすほど所得税の負担率が下がる構造となっている。金融資産への課税が所得税の累進税率より低いため負担率が下がる逆転現象が起こっているのだ。安倍政権のもとで証券優遇税制は10％から20％への是正が図られたが、それでも所得1億円以上の負担率の低下傾向は残っている。

富裕層ほど負担率が低下する所得税の構造を是正するには、すべての所得に累進税率を適用する総合課税化を進めることが最も効果的である。そうすれば所得税負担率も逆転現象は起きなくなる。すべての所得の収益と損失を把握することは困難であるため、少なくとも株式の配当益など収益が明確なものは合算して課税するべきであろう。

(5)コロナ禍で広がる消費税減税

欧州諸国を中心に消費税減税を実施する動きが広がっている。新型コロナウイルスの感染拡大による景気低迷や雇用喪失の回復にめどが立たず、国民の生活や消費を支えるため当面の措置として導入されている。

２０１９年6月3日、ドイツのメルケル政権は２０２０～21年に実施する総額１３００億ユーロ（約16兆円）規模の景気対策をまとめ、その中に付加価値税（消費税相当）を引き下げることや子育て家庭への現金給付などを盛り込んだ。7月から付加価値税は標準税率を現在の19％から16％に引き下げ、食料品などに適用される軽減税率も7％から5％に下げる。湖東京至氏によれば、OECDのアンヘル・グリア事務総長が「一時的な付加価値税の減税」を提唱したためで、EU委員会もドイツの税率引き下げを歓迎しているそうだ。[13] イギリスでは飲食・観光などに対する付加価値税を半年間20％から5％に引き下げるなど、オーストリア、ベルギー、ギリシアのEU加盟国や韓国、中国、ケニアなどEU以外の国でも、消費税減税が実施されている。

付加価値税の減税は消費能力が高い人ほど恩恵を受けるため、必ずしも、格差を緩和するわけではないが、消費を増やすための景気対策としての期待は高い。コロナ禍で収入が減っている人びとにとって、消費税減税は食料品や生活必需品など毎日の生活に欠かせない物を買うたびに恩恵をうける生活支援でもあり、重要な低所得者対策として評価できる。

2018年6月に消費税（GST）を0％にして実質廃止にしたマレーシアでは、景気が上向き同年後半から法人税や所得税などの直接税が伸びたとの事例もあり、消費税率の引き下げによる消費拡大効果は期待できる。ただし、今回の消費税減税の効果をあげるには、コロナ禍でも安全に買い物ができる環境が保証されることが前提となるかもしれない。これらの国々で消費税が恒久的に減税されるかどうかはわからないが、その他の税収の確保が見込まれれば、景気回復の策として恒久的な減税も視野に入るのではないか。

日本では、２０１４年の消費税増税はその後想定を上回る消費低迷をまねいた。２０１９年の消費税増税でも、軽減税率の導入など増税規模相当の対策を講じたにもかかわらず、導入直後の四半期で個人消費は大きく落ち込んだ。増税後に、全国で老舗百貨店やスーパーがあいついで倒産したが、その経営者は過去に例のない消費の落ち込みだったと釈明している。その後の新型コロナウイルス感染症は消費低迷にさらに追い打ちをかけることとなったため、消費増税を要因とする景気悪化は見えづらくなった。しかしながら、前回の増税同様、長期の消費低迷を誘発している懸念を打ち消すものではない。海外の消費税減税の事例を参考にしつつ、少なくとも、全般的な景気回復への刺激策として、消費税率の大幅な引き下げを実施すべきである。

(6)多国籍大企業や富裕層の税逃れを許さないグローバルな租税ルールの確立を

人びとが安心して暮らせる「支え合う社会」を創るための財源には、税や社会保障による再分配機能の強化や応能負担の原則が貫かれる制度設計が必要なことは言うまでもない。しかしながら、新自由主義による国境を超えた経済活動は、多国籍企業や世界中の富裕層の租税回避をいっそうエスカレートさせ、各国の税収を大きく毀損させる事態が発生している。

２０１６年４月３日、国際調査報道ジャーナリスト連合はパナマにあるモサック・フォンセカという法律事務所から漏洩された資料を公表した。いわゆる「パナマ文書」と呼ばれるこの機密文書は、名だたる大企業や各国の金持ち、政治家などが大規模な租税回避をしていたことを白昼にさらけ出した。民主的な税制を確立したとしても、多国籍企業等のタックスヘイブンを巧みに利用したこのような複雑な租税回避手段を見逃していたら、公平な税負担は形骸化し、各国の財政は立ち行かなくなる。

さらに、ＩＴ技術の発展とＧＡＦＡ（Google,Apple, Facebook,Amazon の総称）のような国境を超えインターネット上でサービスの提供を行う産業の登場は、従来の国際課税ルールでは税逃れを捕捉できないと言った新たな問題を生み出している。これまでの国際課税ルールでは、工場や事務所などの企業活動の拠点があるところで法人税を納める仕組みとなっている。しかし、インターネット上のサービスは国境など関係なく提供できるため、アイルランドのような税率の低い国にコンピューターのサーバーを設置し租税回避をしている。例えば、グーグルの検索などの情報提供サービスがアイルランドの会社で行われていたとすると、どれだけ日本人がグーグルを利用して日本の企業がグーグルに広告料を支払っていたとしても日本では課税できない。

このような問題を解決するため、ＯＥＣＤ（経済協力開発機構）を軸に国際的な課税ルールを作るための国際協議が続けられている。２０２０年１月に事務局案がまとめられ関係国による大筋合意がなされた。２０２０年中には最終報告書がまとめられることとなっている。合意されたおもな内容は、世界で連結売上高が7億５０００万ユーロの規模以上の多国籍大企業から取る税金の一部を消費者がいる国に配分すること、法人税の各国共通の「最低税率」を導入することなどだ。のちに公表したＯＥＣＤによる税収への影響試算では、大筋合意された案の導入で、世界全体で税収が最大１０００億ドル（10兆円超）程度増えると見込んでいる。今後、最終報告書に向けて詳細を詰めることとなるが、ほとんどの多国籍ＩＴ大企業が籍を置くアメリカは否定的で合意されるかどうか流動的だ。

新たな課税方式に積極的な欧州は、仮に合意できなければデジタルサービス税を導入する方針を示しアメリカに譲歩を求めている。デジタルサービス税とは、グーグルなどのＩＴ多国籍企業に対し、全世界の利益を各国の売上に応じて案分し課税する仕組みである。イギリス、フランス、イタリア、オーストリア、インド、インドネシアなど一部の国ではすでに導入済みで（未実施も含む）、ＥＵ委員会、スペイン、チェコ、ブラジルなど多くの国が検討中とのことだ。アメリカ合衆国通商代表部（ＵＳＴＲ）は、イギリス他9か国の「デジタルサービス税」は米企業を狙い撃ちにすることを企画したものであるとして通商法３０１条に基づく調査を開始した。[14] アメリカは一部の国に対して報復関税を表明するなど溝は深まっている。

一方、日本政府はＯＥＣＤでの協議において関係各国の合意形成を優先するとの姿勢だ。欧州各国やインド、インドネシアのように、ＩＴ企業の売り上げに課税するデジタルサービス税を導入するなど強行姿勢は示さず、ただただアメリカとの妥協を探っているようにしか見えない。アマゾンもグーグルも日本国内で相当な利益を得ているもののその実態は全くわからない。ほとんど法人税を納めていないとの指摘もあり、まさに日本政府の姿勢が問われている。

新自由主義によるグローバルな規制緩和の圧力がＩＣＴ技術の発展・普及と相まって、ＩＴ多国籍業などの収益をうなぎ登りのように拡大させ、欧米各国の中央銀行による歴史的な金融緩和によりあふれたマネーが金融市場に向かい株価を上昇させる。その結果、ＧＡＦＡらの株式を所有するオーナーやその一族、投資をするファンドや資産家の財産は、天文学的な上昇を記録した。コロナ禍においてもだ。１％と99％の持つものと持たざる者の貧富の格差は指数関数的な広がりとなっている。日本政府は、多国籍企業や富裕層の税逃れを許さず、平等な課税・公平な分配がなされるよう、国際ルールづくりに全力を尽くすべきである。

(7) 支え合う社会保障のあり方と財源の考え方

新型コロナウイルス感染症のパンデミックにより、現在の資本主義の矛盾がはっきりと顕在化している。異次元の格差社会に対して、すべての人びとが安心して生きていくための支え合う社会保障とは、自己責任や近くの助け合いに依存するのではなく公的責任で社会制度を築くことである。とりわけ従来の社会保障では救われない人びとの生活を保障するための最低所得保障や最低保障年金といった直接給付制度の確立が重要となってくる。将来においては、ベーシック・インカムや給付付き税額控除などその国の歴史や社会環境に応じて組み合わせて隙間のない制度を作ることが重要となるであろう。

高齢化社会を迎えている日本では、低年金の高齢者をはじめ貧困問題を克服する社会保障制度を早急に作る必要がある。稼得能力が落ちた高齢者の生活を保障する仕組みとなっていない国民年金制度は破綻しており、年金改革は急を要する。生活保護に頼らない年金制度をどう設計するのかが求められている。

支え合う社会保障の財源は、当然、所得再分配機能の強化により実現する必要がある。世界を見渡せば、現代の資本主義のもとで想像を絶する富の集中が起きているし、この傾向はさらに強まっている。この異常な格差社会を是正することが、公正で公平な社会を作るための全世界の課題である。

日本でも新自由主義的な経済政策により、大企業や富裕層の優遇のための不公平な租税制度となってしまった。当然、このような不公平税制をただすことや応分の負担を大企業や富裕層に求めることでこそ格差縮小に向かい、支え合う社会保障の財源はできるのである。決して、自己責任を強調する自助・共助・絆の社会では社会の公正性は担保できない。そのうえで資本主義の矛盾を乗り越えるための取組がいま求められている。

（田辺麟太郎）

（注）

1、垣内亮「議会と自治体」2019年3月号などより。

2、菅義偉首相記者会見、2020年9月16日

3、二宮厚美「新型コロナ襲撃で破綻する全世代型社会保障」『経済』20年6月号

4、朝日新聞2020年9月8日付

５、２０２０年5月4日　ＢＢＣ、イギリスの国家統計局が5月1日公表した分析結果によると、イングランドとウェールズでは、貧困地域に住む人の方が、新型コロナウイルスによる感染症「ＣＯＶＩＤ‐19」を発症した場合、死亡する確率が高くなると報道。
６、阿部彩「日本の相対的貧困率の動態：２０１２から２０１５年」、貧困統計ＨＰより、２０１８年。
７、伊藤周平「消費税増税と社会保障改革」ちくま新書、２０２０年。
８、鎌倉治子「諸外国の付加価値税（２０１８年版）」国会図書館、２０２０・３
９、森信茂樹「デジタル経済と税　ＡＩ時代の富をめぐる攻防」日本経済新聞出版２０１９・４
10、佐藤一光「反対・警戒論の三つの要点『給付付き税額控除』が現実的」週刊エコノミスト２０２０・７・21
11、本田浩邦「可視化されたベーシックインカムの可能性」『世界』２０２０・９
12、エマニュエル・サエズ、ガブリエル、ズックマン「つくられた格差、不公平税制が生んだ所得不平等」光文社２０２０・９
13、全国商工新聞２０２０年7月13日付
14、東京財団政策研究所「デジタル独自課税を巡る米・欧の攻防とＯＥＣＤ合意の展望」より引用。USTR 85 FR 34709、June 6 2020 より作成。

第４章
気候変動・気候危機、脱炭素・エネルギー自立転換と地域経済

はじめに

世界、日本で異常気象が多発、気候危機の状態にある。一部の異常気象については、温暖化がない場合には発生確率が低いとの研究報告がなされている。また、気候変動・地球温暖化が進展すると、異常気象の激化など数々の悪影響が予想される。またこの悪影響は社会的弱者の被害が深刻である。この悪影響を抑えるには原因となる温室効果ガスとりわけ量の大きい二酸化炭素（CO_2）の大幅な削減が必要である。人口あたりCO_2排出量が世界平均の2倍である先進国およびその一員の日本はそのための大きな責任がある。

この排出削減対策は同時に多くのメリットがある。気候変動の悪影響回避の他、光熱費の域外流出削減でお金が地域で循環すること、対策設備投資の域内企業受注による経済効果などがあり、規制や経済的手法で対策を促進し経済効果を得ることができる。但し、対策を地域主体中心に行えるか否かで地域経済効果は大きく異なる。

この章では、対策が技術的かつ費用効果的に可能なこと、地域経済への好影響について述べる。

1、気候変動・気候危機

気候変動の悪影響

世界、日本で、気候変動の進展で顕在化する悪影響が見られる。猛暑・台風・洪水などの異常気象、生態系・農業への悪影響などである。世界では海面上昇、沿岸洪水、豪雨、干ばつなどが猛威をふるっている。今後も地球温暖化、気温上昇の原因である温室効果ガス排出が続くと、これらの悪影響の激化が予想される。この悪影響は先に述べたように社会的格差を反映し、日本でも健康弱者や、低所得者層などに悪影響がある。世界では排出量が多く、資金や技術のある先進国より、自らの排出量は小さいが資金や技術で不利な途上国の貧困層、例えば海面上昇で国土が消える可能性のある島国の人びとや、潅漑設備もなく干ばつの影響を受けやすい途上国の農民などに大きな悪影響がある。

悪影響回避に必要なCO_2排出削減

異常気象、沿岸洪水、生態系や農業被害などの気候変動の悪影響は、気温上昇につれて拡大しているが、気温上昇を産業革命前から1・5℃未満、2℃未満などに抑えると悪影響は小さくなる。このままでは早ければ2030年にも気温上昇1・5℃に到達する可能性があり、この10年間の対策が極めて重要である。科学的知見を国際政治が受け止め、気候変動枠組条約の2015年の締約国会議のパリ合意では、「パリ協定」に2℃未満抑制を全体目標とし、1・5℃未満抑制を努力目標に定めた。

図1　気温上昇産業革命前比1.5℃、2℃未満抑制に必要なCO_2排出削減

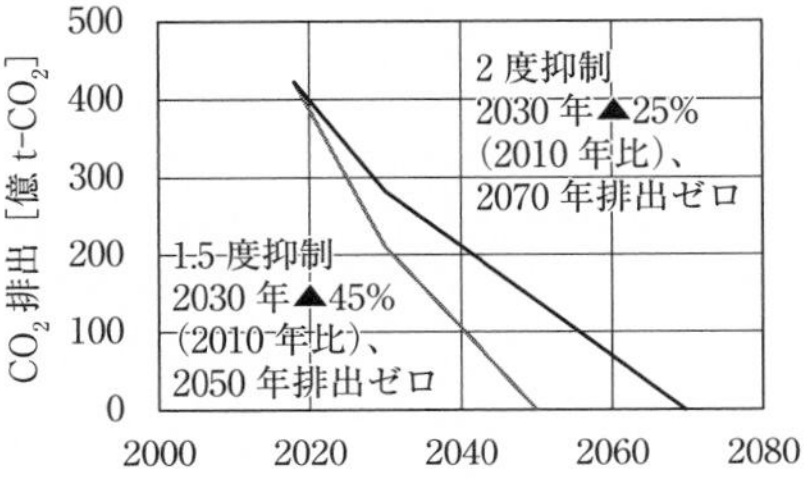

出所：IPCC第5次報告第一作業部会報告（2013）1.5℃特別報告（2018）より作成

気温上昇をこの水準に留めるには大きな排出削減が必要である。気温上昇2℃未満に抑制するための累積排出量（「カーボンバジェット」という）は、2018年以降になおすと現在の温室効果ガス排出量の18～21年分（、1・5℃未満抑制には10～18年にとどめなければならない。1・5℃未満抑制を実現する世界のCO_2排出削減経路例として「2030年にCO_2排出量を2010年比で45%削減、2050年排出ゼロ」、2℃未満抑制には「2030年に2010年比25%削減、2070年頃に排出ゼロ」が示されている（図1）。

先進国は世界のCO_2排出量の5割近くを占め、人口あたりCO_2排出量は世界平均の約2倍である。日本のCO_2排出量割合は世界の約3％だが、人口あたりCO_2排出量は先進国平均とほぼ同じ、世界平均の約2倍である。世界のカーボンバジェット（許容累積排出量）を人口比で割り振ると、日本のカーボンバジェットは1・5℃未満抑制で6～11年分、2℃未満抑制で11～12年分で、直線的に削減した場合、1・5℃未満抑制には2030～2040年、2℃未満抑制には2040～2043年にCO_2排出ゼロを実現することになる。

2、世界と日本の排出実態と動き

(1)世界の排出実態と動き

世界の排出量の動き

パリ協定が合意され今年から施行されるが、世界のCO_2排出量は2019年も前年比微増で、削減に至らない。２０２０年前半は新型コロナ感染拡大による世界不況で排出量は減少したが、２００８年からのリーマンショックの際に景気回復後にエネルギー浪費に戻った例があり、新型コロナ回復後に脱炭素の経済社会に移行する準備をする必要がある。

各国に任された国別排出目標も不十分である。国連環境計画（ＵＮＥＰ）は、各国が自国目標を達成してもCO_2排出量は増加を続けるので、気温上昇１・５℃、２℃未満抑制のためには現状目標より大幅な排出削減目標強化が必要であり、１・５℃抑制の場合は２０３０年に年間２９０～３２０億ｔ－CO_2の削減強化が必要だとしている。[3]

対策進展

先進国、途上国とも対策進展が見られる。先進国の温室効果ガス排出量は１９９０～２０１８年に約10％減少した。ＧＤＰ成長率が日本より高く、CO_2排出量を30％以上削減した英国やデンマーク、30％近い削減を実現したドイツなどもある。日本は２０１８年に１９９０年比２％減である。

世界の２０１７年の再生可能エネルギー（以下「再エネ」）電力割合、先進国の２０１８年の再エネ電力割合はいずれも約25％である。中国も25％（２０１７年）、欧州連合（ＥＵ）は30％（同）であり、欧州では水力発電をほとんど持たないデンマークで約70％、大国のドイツ、イタリア、スペイン、英国も２０１８年に電力の35～40%を再エネが占めた。日本は17%である。再エネ電力コスト低下も普及に追い風であり、陸上風力、水力、地熱、バイオマスは火力発電の発電コストの下限に近く、太陽光も新設のコストは火力発電の下限に近づき、洋上風力も火力発電の中位まで下がった。[4] 熱利用、運輸燃料を含むエネルギー全体では世界の２０１８年の再エネ割合はまだ14%である。[5] 特に停滞著しい運輸燃料については電気自動車と再エネ電力転換による展望が開けた。これは次項で説明する。

発電電力量あたりCO_2排出量が火力発電の中で最大である石炭火力発電所の発電量は先進国で２００７年以降２０１９年までに約40%減少した。石炭大国だった米国が２００７年比で半減、ドイツが１９９０年比で半減、英国は１９９０年比で97%減となった。日本は電力に占める石炭割合で米国、ドイツを抜いた。

目標強化の動き

気温上昇１・５℃未満抑制を意識し、国連加盟国数の約6割にあたる約１２０か国（ＥＵを含む）が２０５０年CO_2排出実質ゼロ目標を発表した。先進国ではＥＵ、ポーランド以外のＥＵ加盟国、スイス、カナダ、ニュージーランドなどが表明、日本と韓国も二〇二〇年秋に表明した。世界の

CO_2排出量の約４分の１を占める中国政府は２０２０年国連総会で「２０６０年CO_2排出実質ゼロ」を表明した。米国も民主党の大統領候補は２０５０年CO_2排出ゼロ目標、発電の２０３５年CO_2ゼロ目標、４年で２００兆円のグリーンニューディール（緑の投資）計画を発表した。ＥＵ、英国、ドイツなどは排出ゼロにむけた制度を策定、ＥＵは１００兆円におよぶ「緑の投資」計画を発表している。数百の自治体が「２０５０年CO_2排出実質ゼロ」を宣言、日本の衆参両院を含む世界十数か国、世界の１８００以上の自治体が「気候非常事態宣言」を発表、宣言の中に排出ゼロ目標を示すところもある。企業もCO_2排出ゼロ目標が増えた。象徴的な例として石油メジャー２社、シェル石油、英国石油および世界最大の鉄鋼メーカー・アルセロール・ミタルが２０５０年CO_2排出実質ゼロを表明した。また、科学的基礎に基づく目標（SBT, Science Based Target）の認定で、「気温上昇１・５℃未満抑制」の目標をもつ企業が増えた。世界の大手企業に再エネ１００％目標が増え、「ＲＥ１００」（再エネ１００％）に約２６０を超える大企業が加盟、これらの一部は取引先にも対策を求め、事業所立地を再エネの得やすさで選ぶところもある。

　石炭火力は、西欧の大半の国が２０３０年以前に廃止年次目標をもち、ドイツの２０３８年の全廃をもってなくなる見通しで、[6]今後石炭火力ゼロを前提にした政策や市場のルールが形成されると考えられる。企業では、火力発電大手の米国ゼネラルエレクトリック（ＧＥ）、ドイツのジーメンス子会社、日本の東芝などが新規石炭火力発電事業からの撤退を発表した。投資家の間でも、石炭関連企業への投資撤退方針が増加している。この方針は例えば各国の年金基金が、石炭企業が倒産し各国の年金受給者に損害を与えるのを防止する。また銀行が石炭鉱山や石炭火力発電所建設に融資しないとか、損保や再保険会社が石炭火力発電所の保険を引き受けない方針を相次いで示している。

電気自動車化と再エネ電力使用を意識した内燃機関乗用車（ガソリン乗用車、ディーゼル乗用車）について、ノルウェーが２０２５年、英国・オランダなどが２０３０年、フランスが２０４０年を販売禁止年とした。[7] 中国や米国カリフォルニア州も内燃機関車販売割合を徐々に縮小させるゼロエミッション車割合規制を制定している。これは環境対策をしないと売るものがなくなる可能性があることを意味する。

自動車以外でも企業が本業のために環境対策を考える時代に入ったといえる。最終製品・サービスを売る企業がバリューチェーン全体の「再エネ１００％」、「ゼロエミッション」を名乗るため、バリューチェーンを構成する部品や関連サービスの選定で、本体性能と同等に「再エネ１００％」、「ゼロエミッション」を重視する可能性がある。最終製品の選定でも似た動きがある。日本で対策が不十分なために企業が再エネ１００％の電力を得られないと、バリューチェーンから外され、日本企業のビジネス展開を困難にする恐れがある[8]。多国籍企業化した日本企業の場合は生産拠点を再エネの得やすい海外に移転することで事業継続の可能性があるが、国内雇用が失われる。日本の産業競争力維持、雇用のためにも国内温暖化対策を進める必要がある。

(2) 日本の排出実態と対策

日本の排出量、エネルギー消費量

日本の2018年度のCO_2排出割合は、発電時の排出を発電所の排出としてまとめると、エネルギー転換部門(発電所、製油所など)が40%、産業部門(工場など)が25%、工業プロセス(セメント製造など素材工場の化学反応の排出)が4%、あわせて全体の約70%を占めた。残り約30%が業務部門(オフィスなど)、家庭部門、運輸旅客、運輸貨物、廃棄物である。製造業のうち素材系4業種(鉄鋼、窯業土石(セメント製造など)、化学工業、紙パルプ)が産業部門の排出量の多くを占める。事業所毎にみると、火力発電、製油、鉄鋼、窯業土石、化学工業、紙パルプの6業種の約3000事業所で温室効果ガスの63%を占める[9]。

日本のCO_2排出量とエネルギー消費量は2007年度まで増加し、リーマンショックで落ち込むが景気回復後の２０１０年度には増加した。しかし２０１１年の東京電力福島第一原発事故を契機に傾向が変わった。まず省エネが進み、２０１８年度の一次エネルギー消費量、電力消費量は２０１０年度比約10％減少した。これは生産減による自然減ではなく、「生産量あたりエネルギー消費量」などのエネルギー効率改善が原発事故以降各部門で進んだためである。また原発事故翌年の２０１２年から再エネ電力固定価格買取制度が開始され、再エネ電力は２０１２年度の発電量割合約10％から、２０１８年度には17％に増加した。省エネ・再エネにより、電力需要が年間で最大となる夏の昼間の需給が大幅に緩和、この時間帯の需給逼迫はなくなった。原発事故後の規制強化により原発が停止、火力発電量が増加し２０１３年度までCO_2排出量が増加したが、その後省エネ・再エネの相乗効果により２０１４年度以降減少に転じ、２０１８年度には１９９０年度比２％減となった。

日本の政策・目標

日本では政府の地球温暖化対策計画で２０３０年度の温室効果ガス排出量を２０１３年度比26％削減（１９９０年度比18％削減）、２０５０年度は80％削減（基準年を定めていない）と定めた。これは首相の２０５０年温室効果ガス排出実質ゼロ表明により今後強化されると見られる。長期エネルギー需給見通しで２０３０年の発電構成は原発20―22％、再エネ22―24％、石炭26％、天然ガス27％などと定め、２０３０年の一次エネルギー構成も石油30％、石炭25％、天然ガス18％、原子力10―11％、再エネ13―14％などと定めた。これをもとに地球温暖化対策計画の２０３０年目標が定められている。目標を達成する政策については、日本では大口排出事業者の対策について事業者の自主的取り組みに任せている。炭素税（石油石炭税引き上げ）は$CO_2$１トンあたり約３００円で、これは石油１リットルあたり約０・７円に相当する。

２０５０年度目標引き上げについて全国知事会などが「CO_2排出ゼロ目標」を求めていた。２０３０年度目標についても温室効果ガス50％削減（１９９０年比）、再エネ電力割合50％への引き上げなど多くの提案がある。

自治体・企業など

２０２１年11月20日までに全国１７３自治体が２０５０年にCO_2排出実質ゼロ、42自治体が気候非常事態宣言を発表した。企業でも２０５０年排出ゼロ目標、再エネ１００％目標が増加している。

3、日本の排出ゼロに向けた対策強化

この節では脱炭素、CO_2排出ゼロに向けた対策の抜本的強化について述べる。ここでは、我慢や生産カットなどは想定しない。省エネ対策で「生産量あたりエネルギー消費量」（エネルギー効率）を上げ、再エネ普及で「エネルギー消費量あたりのCO_2排出量」を減らし最終的にゼロにすることを通じ、地域発展、生活の質の向上と両立するようにエネルギー消費量を減らし、CO_2排出量をゼロに近づけることができる。

ここではそのための技術と、それを用いた排出ゼロに向けた試算例について説明する。

(1) 省エネ再エネ技術対策

省エネ技術対策

日本は省エネ対策可能性が小さいと思われているが、実際にはエネルギー浪費構造で、大きな削減余地がある。日本のエネルギー消費のうち、有効利用は約3分の1しかなく、3分の2は排熱として捨てられている。[10] これは、省エネ、エネルギー効率の大幅な改善の余地を示している。

代表的な省エネ対策を以下に述べる。

発電所の省エネ対策は発電側と消費側にある。発電側で見ると、火力発電所は平均発電効率40%、つまり燃料投入の40%分しか電気にならず、約60%を占める排熱を日本ではほとんど使わずに捨てている。排熱を近隣の工場、オフィスや家庭の熱利用に回し、石油やガスの消費と置き換えれば省エネになる。LNG火力発電所は、従来は旧型発電所を新型に更新し発電効率を高めてきたが、脱炭素化で火力発電所全体の廃止が議論されるようになり、今後は発電量あたりCO_2排出量の大きい石炭火力、石油火力から、また天然ガス火力の中でも発電効率の悪いものから止めていくことが対策になる。消費側の対策は電力消費削減で、これは産業、業務、家庭の各部門の省エネ対策のところで説明する。

産業部門（工場など）では生産設備の省エネと、従業者向け冷暖房・照明の省エネがある。素材系製造業（鉄鋼、窯業土石、化学工業、紙パルプ）は「省エネ法ベンチマーク」で優良エネルギー効率（トップ効率ではなく、正規分布を仮定すると偏差値60レベル）の事業者・事業所と平均値で乖離があり、高炉製鉄所で10%など、省エネ可能性がある。[11] 非素材製造業の省エネ例では省エネ設備更新の他、電気機器で不要な時に出力調整ができるように改造すること、配管やバルブの断熱で熱が逃げないようにすること、熱の使い回し（高温の工程の排熱を、より低温の工程で使用）などがある。過去の対策では、環境省の自主参加型排出量取引で25～30％の排出削減（事実上省エネ）が得られている。工場の低温熱利用や中温熱利用の一部を電化しヒートポンプを使うと、エネルギー効率が大幅に上昇、エネルギー消費量が３分の１から５分の１になる技術的可能性がある。

業務部門（オフィス、商業施設、宿泊施設、病院など）の省エネ技術では、設備機器の省エネ、例えば照明のＬＥＤ化、エアコン・冷暖房設備の省エネ型への更新、冷凍冷蔵設備の省エネ型への更新、建物の断熱性能向上などがあり、大きな省エネ可能性がある。

家庭部門でも、設備機器の省エネ、例えば照明のＬＥＤ化やエアコン・冷暖房設備の省エネ型への更新、冷蔵庫の省エネ型への更新、住宅の断熱性能向上などがある。

運輸旅客部門のCO_2排出量の約９割は自動車[12]である。２０２０年燃費基準の区分ごとに最高燃費の車に更新すると、ガソリン車、ディーゼル車のままでも全体で30％以上の排出削減になる。これに加え、電気自動車に転換し再エネ電力を使用することでCO_2排出ゼロにする具体的な道筋が描けた。運輸旅客では乗用車だけでなく大型バスも含め、電気自動車の商業化がなされた。電気自動車化でエネルギー効率が大幅に上昇、エネルギー消費量が３分の１から５分の１になる技術的可能性がある。

運輸貨物部門もCO_2排出量の約9割は自動車（トラック）である。2020年燃費基準の区分ごとに最高燃費の車に更新すると、15～20％の排出削減になる。トラックでも電気自動車技術が向上し、同じく排出ゼロに転換する具体的な道筋が描けた。小型トラックの電気自動車は既に商業化がなされ、長距離大型トラックも商業化間近とみられる。電気自動車は航続距離、充電後の走行可能距離が懸念されてきたが、急速充電技術の向上により、高速道路のサービスエリアで休憩する程度の時間で充電することにより、長距離移動が可能になると予想されている。

省エネはこれら多くの技術があり、2050年にむけ、後に示す通りエネルギー半減が予想される。

再エネ技術対策

省エネと並ぶもうひとつの効率化、「エネルギー消費量あたりCO_2排出量」の削減に、再エネ導入がある。再エネ転換は、エネルギー種類により容易なものと難易度の高いものがある。これを表1に示す。

このように、電力、低温熱利用、自動車燃料について、中期で考えれば特段の問題はないと考

表1　エネルギー種類と再エネ転換

エネルギー種類	再エネ転換	難易度	備　考
電力	再エネ電力	容易	
低温熱利用（100℃未満）	再エネ熱利用または電化のうえ再エネ電力利用	容易	再エネ熱利用は任意。 電化ではヒートポンプ利用が可能で省エネになる。
中温熱利用（100〜200℃）	再エネ熱利用または電化のうえ再エネ電力利用	比較的容易	再エネ熱利用は主にバイオマス。電化ではヒートポンプ利用が可能で省エネになる。
高温熱利用	再エネ熱利用、電化のうえ再エネ電力利用、または再エネ水素など	難易度が高い	再エネ熱利用はバイオマス。 電化は主にヒーター利用
運輸燃料のうち自動車	電化（電気自動車）のうえ再エネ電力利用	比較的容易	乗用車、バスは商品化。トラックは小型は商品化。大型車も商品化間近。長距離大型車も急速充電技術で可能とみられるが要検討。 電気自動車化が主流となり、資源制約のあるバイオ燃料に頼る必要がなくなった。
非電化鉄道	電化のうえ再エネ電力利用	比較的容易	旅客はバッテリーカーで事例あり。旅客中距離、貨物については要検討。
船舶、航空	再エネ燃料、電化の上で再エネ電力利用、または再エネ水素など	難易度が高い	再エネ熱利用はバイオマスだがこれは資源量に制約。電化や水素は技術開発が行われている。

えられる。[13]中温熱利用も、比較的高温をカバーするヒートポンプが出て、電化+再エネ電力の流れが技術的に容易になった。これに対し高温熱利用とりわけ高炉製鉄用と、船舶航空については、研究は進んでいるものの技術的課題がある。

表1より、主に再エネ電力と低温再エネ熱について以下に述べる。

日本で多様な再エネ資源があり、可能性も大きい。日本の年間電力消費量約1兆kWhに対し、環境省によれば太陽光発電は3．2兆kWh、風力は陸上、洋上あわせて4．6兆kWhの可能性がある[14]。[15]さらに水力、地熱、バイオマスの可能性がある。全国でみて再エネ電力は日本の需要を大幅に上回る可能性がある。
再エネ熱の低温熱利用は、太陽熱利用、地熱、地熱のうち温泉熱、各種排熱など多様な手段がある。バイオマス熱利用もある。太陽熱は全国的に得られ、また地域熱供給網を今後整備すれば排熱利用も容易になる。再エネ熱は地域特性にあわせた消費が可能である。

化石燃料の中の燃料転換

2050年に至る中で、化石燃料内で石炭・石油から天然ガスへの転換でエネルギー消費量あたりCO_2排出量を削減できる。[16] また、残っている化石燃料利用の中で、CO_2排出量の大きい石炭を選択的に削減できる。

(2)脱炭素をめざすエネルギー転換シナリオ

前項の技術を導入し、脱炭素をめざすエネルギー転換シナリオを検討する。シナリオ検討にあたり、活動量想定を2通り、対策想定を3通り、合計6通り検討した。

活動量について

エネルギーに密接な「活動量」は、産業部門は生産量ないし生産指数、運輸旅客と運輸貨物は輸送量、業務部門は床面積、家庭部門は世帯数である。ＧＤＰよりも、これら活動量の方がエネルギーやCO_2に密接に関連する。対策が行われない場合は、エネルギー消費量はこの量の増減に応じて増減する。今後これらの活動量がどのように増減するかは今後のエネルギー消費量やCO_2排出量に影響する。

この将来想定について2通り設定した。

ひとつは「大量生産継続ケース」である。２０３０年の素材生産量（粗鋼生産量、セメント生産量、エチレン生産量、紙板紙生産量）、旅客輸送量、貨物輸送量、業務床面積を経済産業省の長期エネルギー需給見通しの想定[17]にあわせ、その後は２０５０年まで人口比でゆるやかに減少すると想定した。

もうひとつは「活動量中位ケース」である。素材生産量の内需分（輸出以外）、旅客輸送量、貨物輸送量、業務床面積は２０５０年にむけて人口比でゆるやかに減少すると想定した。素材生産量の輸出分は、新興国の現地生産に向かい２０５０年までに減少すると想定した。

人口および世帯数は両ケース共通に、社会保障人口問題研究所の出生中位・死亡中位ケースを用いた。

対策について

対策は3通り設定した。

1番目は「対策なしケース」である。省エネも再エネも特段の対策を行わない。エネルギー消費量やCO_2排出量は活動量に応じて増減する。

2番目は「技術普及ケース」である。省エネ、再エネ技術の普及をみこむ。原則として商業化された技術の普及を見込み、新技術は想定しない。但し電気自動車は開発間近のものまで想定する。粗鋼生産量のうち鉄鉱石から生産する高炉割合を70%、リサイクル鉄を使う電炉割合を30%で試算している。

3番目は「技術普及・電炉拡大ケース」である。技術普及ケースで用いた各種技術に加え、高炉の電炉転換を想定、2050年にはリサイクル鉄を使う電炉割合を70%とする。

省エネ、再エネ、燃料転換などの対策の詳細は次に述べる。

対策想定

表2　省エネ想定

		2030年まで	2050年まで
産業部門	素材製造業	業種平均で省エネ法ベンチマーク（優良エネルギー効率水準）を達成	継続
	それ以外	過去の環境省自主参加型排出量取引などの省エネ実績を全体で達成	継続
業務部門		新築・大規模改修時に断熱建築普及、設備機器も更新時に省エネ型を選択	断熱建築普及が進む
家庭部門		新築・大規模改修時に断熱建築普及、設備機器も更新時に省エネ型を選択	断熱建築普及が進む
運輸旅客		車の更新時に2020年燃費基準で商業化された最もよいものに転換 乗用車の20%、タクシーとバスの3%が電気自動車に転換（保有台数で）	全て電気自動車転換
運輸貨物		車の更新時に2020年燃費基準で商業化された最もよいものに転換 トラック保有台数の3%が電気自動車に転換	90%が電気自動車転換

表3　再エネ・燃料転換想定

		再エネ	燃料転換
発電		2030年には再エネ発電割合44%を見込む（注） 2050年に全て再エネ転換。	2030年までに石炭火力、石油火力の発電終了。2050年までにLNGその他化石燃料火力発電も終了。原子力は使わない。
産業部門	低温熱	2050年までに全て再エネ転換	
	中温熱、高温熱		高炉製鉄などの不可欠用途以外の石炭、製油や石油化学など不可欠用途以外の石油を天然ガスに転換
業務部門		2050年までに全て再エネ転換	中間で一部を石油から天然ガスへの転換
家庭部門		2050年までに全て再エネ転換	中間で一部を石油から天然ガスへの転換
運輸旅客		再エネ燃料（バイオ燃料）を見込まない。	バスは一部を石油から天然ガスへの転換
運輸貨物		再エネ燃料（バイオ燃料）を見込まない。	トラックは一部を石油から天然ガスへの転換

最終消費つまり、産業部門、業務部門、家庭部門、運輸旅客、運輸貨物の省エネは表2、発電を含む再エネ、燃料転換の想定は表3の通りである。

その他想定

再エネ証書、CO_2クレジットなど、証書による排出削減の利用を想定しない。CO_2回収貯留[18]、CO_2利用、気候工学[19]などは見込まない。

試算結果

2030年度と2050年

度の最終エネルギー消費量とCO_2排出量は、活動量が大量生産継続の場合も活動量中位の場合も、技術普及、技術普及・電炉拡大の両方で大きく減少する[20]（図2a、2b、表4）。今の技術の普及で、がまんなどを見込まなくても、保守的に見積もっても、２０５０年度にエネルギー消費量を約３分の１に削減、CO_2排出量は２０３０年に半分から３分の１に削減、２０５０年度に90〜95％削減が技術的に可能である。

累積排出量と日本のカーボンバジェット

先に示した日本のカーボンバジェットと、当該対策による２０１８〜２０５０年度の累積CO_2排出量を比較すると、大量生産継続の場合も、活動量中位の場合も気温上昇２℃のカーボンバジェットを上回ってしまう。

大量生産継続の場合、対策を３年前倒しすると気温上昇２℃のカーボンバジェットに、対策を６年前倒しすると気温上昇１・５℃のカーボンバジェット内におさめることができる。活動量中位の場合、対策を２年前倒しすると気温上昇２℃のカーボンバジェットに、対策を５年前倒しすると気温上昇１・５℃のカーボンバジェット内におさめることができる（図2c）。

図2　日本のエネルギー・CO_2 シナリオ

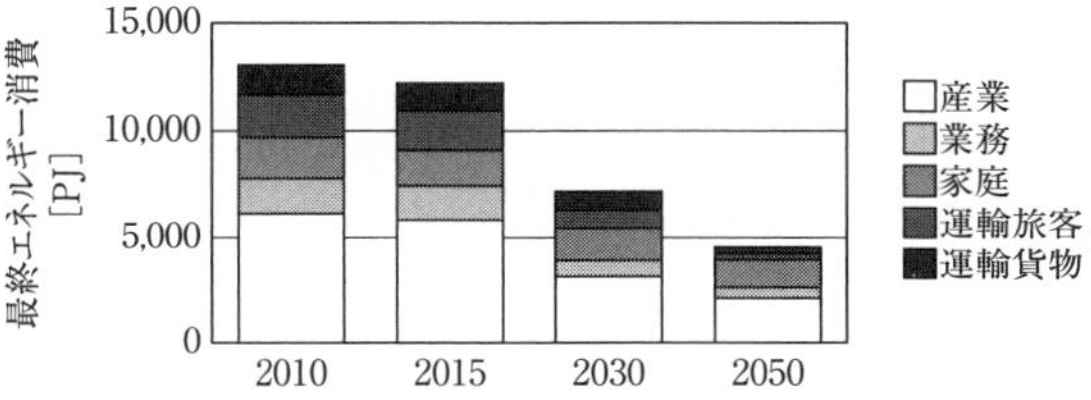

(a)　エネルギー消費量

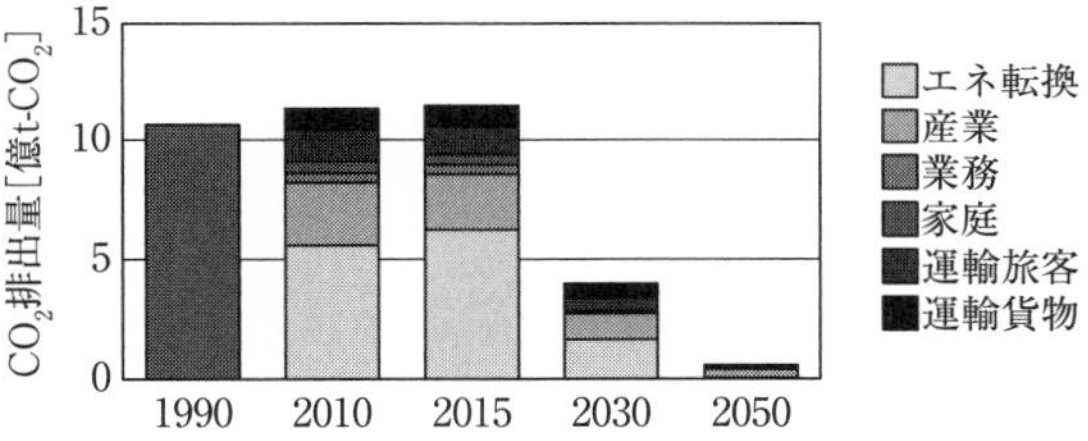

(b)　エネルギー起源 CO_2 排出量

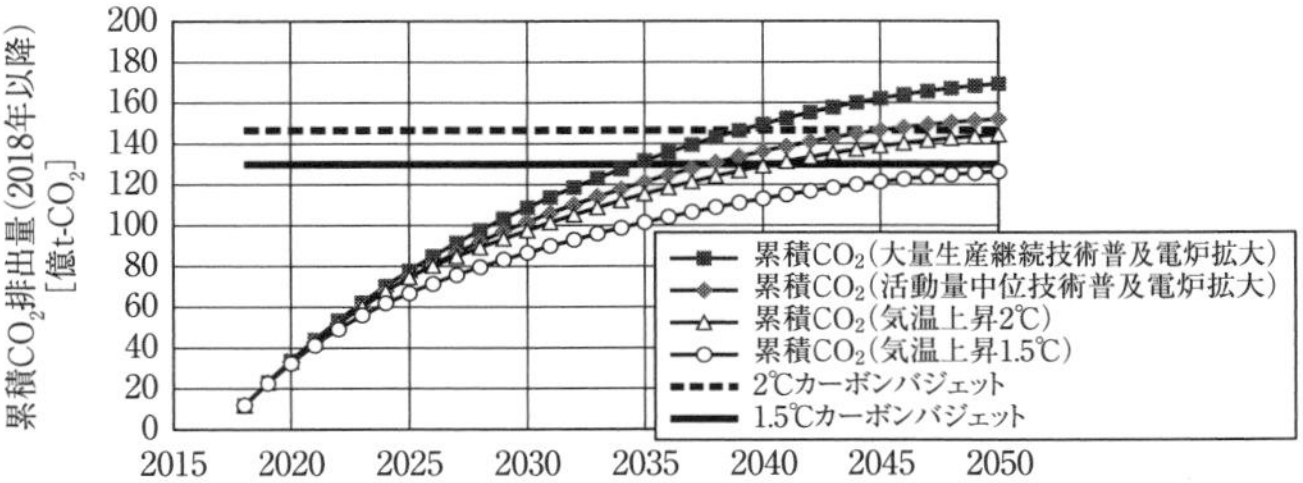

(c)　累積排出量とカーボンバジェット

表4　2030年度と2050年度の最終エネルギー消費量と CO_2 排出量

		大量生産継続			活動量中位		
		対策なし	技術普及	技術普及･電炉拡大	対策なし	技術普及	技術普及･電炉拡大
最終エネルギー消費(2010年度比)	2030年度	−6%	−38%	−40%	−18%	−47%	−48%
	2050年度	−19%	−58%	−62%	−32%	−66%	−68%
CO2排出量(1990年度比)	2030年度	+8%	−54%	−56%	−6%	−61%	−63%
	2050年度	−6%	−90%	−93%	−22%	−94%	−95%

4、対策と経済・地域発展

前節で日本のエネルギー消費量とCO_2排出量を、今の技術を用いて大きく削減できる可能性を示した。この節では、対策と経済、地域発展との関係、対策を経済発展とりわけ地域発展や雇用に活かす方法を検討する。

まず、脱炭素に至るあるいはその一歩手前に至る温暖化対策は、世界で取り組めば、気候変動の悪影響を抑え、生活基盤や経済活動の基盤を守ることができる。これは温暖化対策の目的であり、第一の経済効果といえる。これに加え、対策は地域に大きなメリットをもたらす可能性がある。

(1)各主体の投資額と光熱費削減の比較

企業や家庭の光熱費と投資額を比較する。

前項のシナリオ試算の２０５０年までの累積設備投資額[21]と累積光熱費削減額を比較する。

図３　対策による光熱費減と対策投資

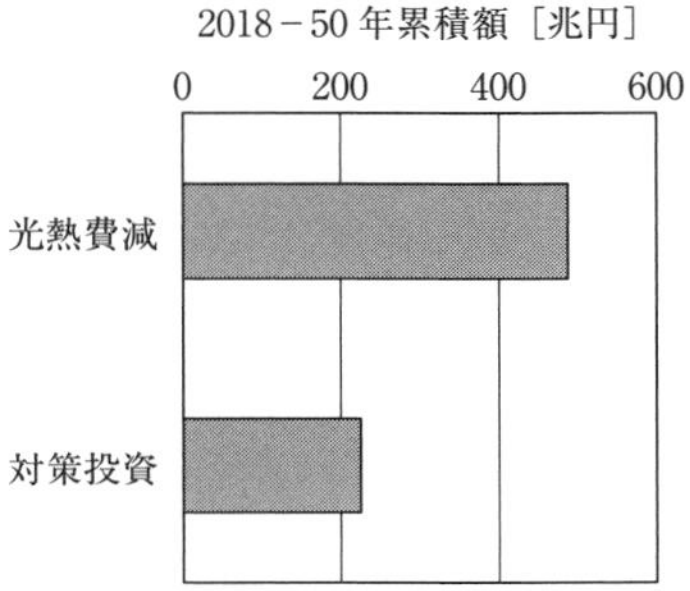

２０５０年までの温暖化対策の累積設備投資額は大量生産継続の場合に約２４０兆円、活動量中位の場合に約２２５兆円と推定される。これに対し、累積光熱費削減額は大量生産継続の場合に約５００兆円、活動量中位の場合に約４８５兆円になる。累積光熱費削減額は累積設備投資額よりはるかに大きく、全体として設備投資額は光熱費削減により投資回収が可能、回収後は利益になる（図３）。２０５０年度までの累積光熱費削減額と累積設備投資額の差は約２６０兆円になる。毎年の利益を機械的に計算すると年平均約９兆円になる。

(2)国全体の光熱費削減、流出光熱費削減効果

日本では、大量エネルギー消費を支えるため、多額の化石燃料輸入を継続してきた。２０１８年度は19兆円、２０１９年度は17兆円で、日本の輸入額全体の20％以上を占める。[22] ＩＥＡによれ

ば今後も化石燃料単価は上昇するとみられ[23]、温暖化対策をしないと光熱費の国外流出が拡大する可能性がある。

前項のシナリオ試算の化石燃料輸入費は、対策なしの場合は２０３０年度に約18兆円、２０５０年度に約19兆円と高止まりするのに対し、対策をすると（技術普及ケース、技術普及・電炉拡大ケース）２０３０年度に約９兆円、２０５０年度に約１兆円に大きく削減することができる。国内光熱費も対策なしの場合に２０３０年度に約48〜51兆円、２０５０年度に約42〜44兆円で高止まりするのに対し、対策（技術普及ケース、技術普及・電炉拡大ケース）により２０３０年度に年間約26〜28兆円に減少つまり対策なしの場合に比較して年間約16兆円減額、２０５０年度に約９〜11兆円に減少つまり対策なしの場合に比較して年間約33兆円減額することができる。対策で浮いた化石燃料輸入費、国内光熱費を他の投資や消費に振り向け、お金の流れを海外流出から国内へ取り戻すことができる。

(3)地域の光熱費削減、流出光熱費削減効果

地域でも多額の光熱費支出があり、一部は地域の燃料業者などの利益になるとしても、多くは

域外に流出、このうち化石燃料購入費は前述の通り多くが海外に流出している。2017年度の光熱費支出は都道府県では東京都が約3兆円、鳥取県や島根県が約1500億円と試算できる。市町村では産業構造などにより異なるので目安であるが、人口50万人の都市で1000億円以上、人口5万人の都市で100億円以上になる可能性がある。家庭の光熱費は全体の一部であるが、その目安として世帯あたり家庭内光熱費が20～25万円、自動車燃料費が5～10万円である。対策により光熱費は大きく削減でき、浮いた光熱費を他の投資・消費に向け、お金の流れを地域へ取り戻すことができる。また、地域の光熱費流出は省エネで削減する他、域内再エネ、例えば域内再エネ電力（域内太陽光発電など）、域内熱供給（域内太陽熱利用など）に切り替えることで、光熱費購入先を域外から域内に変え、お金の流れを地域へ取り戻す可能性がある。

(4)国全体と地域の対策設備投資

温暖化対策つまり省エネ対策と再エネ対策の設備投資も、国内企業が受注すれば国内経済効果、地域企業が受注すれば地域の経済効果がある。2050年度までの30年間の累積設備投資額は225~240兆円で年間約7・5~8兆円にあたる。一部は輸入としても多くは国内むけの投資、国内企業の受注となる可能性が高く[24]、国内経済効果、雇用拡大が期待される。

その一部は地域企業の受注となり、地域経済効果、雇用拡大が期待される。地域企業は、大型機械などの製造はしていないかもしれないが、建築や機械改修、企画・施工の一部を担うことができ、地域企業が専門的な力をつけて受注割合が高まれば地域経済効果、雇用拡大がさらに高まることが期待される。対策による地域の雇用創出により、人口減に悩む地域でも、人口減少率を緩和できる可能性がある。

(5)環境規制などでうまれる国全体および地域の経済効果

これまで、温暖化対策は投資回収ができず、エネルギーコストも上がり、経済にマイナスとの議論が行われてきた。しかしこれまで見たように、対策の多くは投資回収可能で、省エネはトータルコストがマイナス、再エネもコストが大きく低下し世界では火力発電より安い水準になり、日本でもそこに近づいている。さらに国全体でみると海外からの化石燃料輸入を削減でき、地域でも地元の再エネを使うことで地域からの光熱費流出を削減できる。さらに、前述の通り化石燃

図4　GDP（国内総生産）と温室効果ガス排出の分離

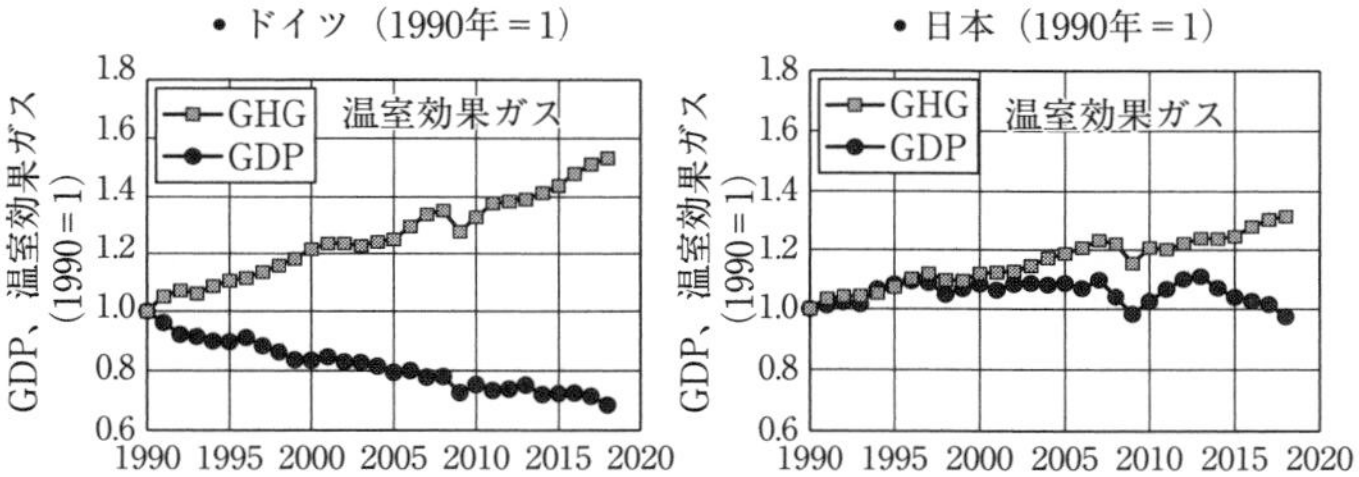

出所：気候変動枠組条約への各国報告およびIAEA 統計より作成

料消費はその大半が海外に流出するのに対し、省エネ再エネ設備投資は国内企業の取り分も多く、一部は地域企業の受注可能性がある。

こうした国全体、および地域の経済効果および雇用創出は、次の節で述べる規制や経済的手法などの政策によってもたらされる。規制緩和により企業活動が活発になるのではなく、強い排出削減目標、排出削減を担保する政策などが企業に利益と追加受注をもたらし、地域に地場産業の受注と雇用拡大をもたらすと考えられる。これまでのドイツと日本のＧＤＰと温室効果ガス（ＧＨＧ）にの関係を図４に示す。ドイツにおいて、産業構造の変化の効果や経済発展と温暖化対策の両立だけでなく、再エネ産業・省エネ産業など、温暖化対策を仕事にする産業創出と雇用創出が経済発展を促す効果も示唆される。

5、対策を後押しし、地域経済発展と両立させる政策

この節では対策がなされない理由を考えるとともに、温暖化対策を後押しし、かつ地域発展と両立させる政策を考える。

(1)対策が進まない理由

これまで、温暖化が進行した場合の悪影響と、対策可能性、費用対効果について述べてきた。被害を軽減できる対策技術が十分に存在し、対策設備投資の多くは投資回収可能で経済的にも得であり、対策をしない、先送りする理由はないようにみえる。にもかかわらず日本では順調に対策が進んでいるとは言いがたい。この理由について考える。

まず、温暖化・気候変動の悪影響の全体像が共有されず、政策の重点にもなっていない。排出削減対策の全体像も共有されていない。「2050年排出ゼロ」に必要な構造変化が共有されず、

対策を各部門で具体的に進めるための各所の2050年に向けた設備投資計画整備もない。省エネではそもそも設備更新をせず従業者などの我慢を中心に対応するという思い込みもみられる。企業や家庭の現状把握、業種毎あるいは家庭の典型的対策の共有も進まない。

コストについては、対策の多くは対策設備投資を光熱費削減で回収可能、「得」なのだが、他の環境対策同様に「持ち出し」になると誤解されている。初期投資と光熱費などからなるコストの全体像の把握も不十分で、初期投資額だけを抑えて省エネ性能の悪い建築や設備を導入し、光熱費が多くかかりコスト増になる失敗例も見られる。投資回収年、事業採算性吟味よりも補助金に飛びつく悪弊もある。これも情報共有・専門的知見共有の不十分さも理由のひとつである。

対策を進める政策として、野心的目標がなく、大口事業者むけ、小規模事業者や家庭の対策を後押しする政策の両方に多くの課題がある。加えて専門家・実務家を、対策を進める地域のシステムに組み込めず、国でも地域でも専門的知見を十分活用できず、行政も企業も家庭も「どこから手を着けるか」に苦しみ、適正技術、適正コストの選択ができていないことも理由である。

対策が持続可能な発展・生活の質の向上と結びつく実感がない。複数国を対象にしたアンケートで、温暖化対策が経済を発展させ、生活の質の向上に結びつくとの意見が日本で極端に少ないのは典型的である。これも情報共有・専門的知見共有の不十分さも理由のひとつである。

以下では、前節までの対策を後押しし、これらを解決するような制度を検討する。

(2) 対策を後押しする政策

対策が技術的に可能でも、また後に示すように費用効果的でも、対策が実施されるとは限らない。これは、環境対策の優先順位が低いこと、省エネ・再エネ技術情報やその費用対効果の情報が行き届いていないこと、現行制度しくみで普及のさまたげになっているものがあること、地域の人材、システムの問題などが理由である。これを解決し対策を推進する制度について述べる。制度については多くの詳細検討・提案があるのでここでは概要にとどめる。

温暖化対策で、大口排出源、とりわけ日本の排出量の約6割を占める電力・製油・鉄鋼・窯業土石・化学工業・紙パルプ製造業では、経済的手法、炭素価格づけなどの政策が有効である（排出量取引制度、炭素税など）。これらの業種における既存技術普及対策の大半が投資回収可能とみられ、これらを契機に早期に対策導入をすると光熱費削減により競争力も向上するとみられる。

省エネは、建物では断熱規制が有効である。[25] 新築はゼロエミッションハウス、ゼロエミッションビルを規制基準にした規制導入が望ましい。既存建築物とりわけ賃貸借に使うものにも断熱規制導入が望ましい（中小オーナーには支援も必要である）。機器についても、技術のプロではない中小企業や家庭が確実に省エネ製品を選択できるよう、汎用でエネルギー多消費のものはあまり細分化せずに効率規制を導入すると効果的である。加えて建物新築や改修、大型機械の導入が中小企業や家庭の「賭け」にならないよう、国や自治体が用意した公的中立の専門家の技術的アドバイスを受け、最良対策を費用効果的に選択できるようにすると効果的である。専門家の診断やアドバイスと同時に、業種ごとの典型的技術情報、費用対効果情報の集積と国・自治体・公的機関による公的中立の情報提供も重要である。情報提供では他に効率情報つまり業種ごとの生産量あたりエネルギー消費量やCO_2排出量、床面積あたりエネルギー消費量やCO_2排出量の情報は、各事業者が自分の業種内立ち位置をつかみおおまかな対策可能性をつかみ計画をたて実行する上で有効である。

これらのアドバイス、情報は利害関係者では信用されず、公的中立であることが必要である。

運輸の省エネは、内燃機関車の電気自動車転換政策と、交通弱者などにも考慮した公共交通機関拡充、集落・役所・商業施設・病院などを結ぶ自家用車でない基幹交通の確保が考えられる。中期では都市中心部は自動車に頼らない都市計画、それ以外の自動車に頼るエリアで車移動距離を小さくする都市計画も効果的である。

再エネ電力拡大の現在の障壁は「送電線接続問題」といわれる。再エネ発電所を計画しても送電線につなげない、待たされる、あるいは法外な接続料をとられることが最大の問題である。再エネ電力は原則として接続する制度・ルール（「優先接続」という）が必要である。[11] またつながっている発電所の中から再エネを優先的に送電線に受け入れるルール（「優先給電」という）が必要である。専門家を有する公的中立の組織によるこれらの監視・改善勧告のしくみも望ましい。

地域の再エネ電力普及には、地域電力小売会社が地域の再エネ電力を集め、地域に販売することが有効である。この際に自治体の出資は地域の信用を得る上で有効である。また、自治体は地域の再エネ100％政策の中にこれを位置づけることが効果的である。

地域の再エネ熱利用について、都市部では地域熱供給網も有効である。現状は電気でいえば「オフグリッド」、各事業所・家庭がそれぞれ独自に熱源を確保、最大需要を見込んで大きな容量を確保しコストもかけている。公共投資をして熱供給網でつなぐことにより、太陽熱や排熱の融通などが容易になり熱源設備の保有、投資額を減らすことができる。但し施設整備は、専門家をいれ費用効果的に行う必要がある。

再エネ電力、再エネ熱利用の普及についても、地域の主体が技術選択や購入金額、判断を間違わないよう、省エネと同じように、公的中立の専門家によるアドバイス、情報提供が有効である。

国・自治体職員への専門家アドバイスも有効である。欧州には、自治体職員に専門家の担当がつき、政策遂行を一緒に考えるしくみがある。

技術普及と技術開発のどちらを優先するかという議論もあるが、気候変動対策は２０３０年までの10年間が重要であり、この間の普及が重要である。普及には大きな予算が必要なく、また投資回収可能な対策が多く、設備設置補助金も普及初期以外は基本的に不要である。施設整備以外では、専門家実務家の相談・アドバイスの費用、調査、対策のデータ整備、人材育成充実などが考えられる。

(3) 地域経済発展と両立する政策

次に、地域経済発展との両立を促進する政策について述べる。極端なことをいえば、日本の、あるいは地域の脱炭素技術普及、地域の再エネ１００％化は外国企業によっても達成できる。しかしこれでは地域の電力支出は域外に支払われ、投資やメンテナンスは域外企業が使われ、地域経済効果や地域の雇用拡大は小さくなると考えられる。

地域経済発展との両立ポイントは３つある。ひとつは省エネ再エネ投資を専門家のサポートなどのもとに地元企業が相場観をもって費用効果的に実施し、投資を抑え、光熱費を削減、トータルコストを削減することである。これは前項で述べた政策により推進できる。

残る2つは地元シェアの拡大である。ひとつは省エネ対策・再エネ対策の地元受注割合の拡大である。もうひとつは特に電力について地元企業・家庭が地元主体からの発電電力を購入する割合を増やし、光熱費流出を減らすため、地元主体の発電所設置を促進し、かつそれを集めて売るしくみを設けることである。

地元受注割合向上から説明する。省エネ・再エネ対策の地元受注割合拡大について、省エネ投資では、地域企業は大型機械などの製造はないとしても、建築や機械改修、企画・施工の一部を担うことができる。例えば特殊建築以外は地域の工務店などで受注できるよう、断熱建築を施工できる専門的能力、施主・顧客に説明できる専門的能力・ツールを地元の全ての工務店が獲得するため、研修、情報共有など、国・都道府県・市町村などが支援・協力できる。

次に地元エネルギー割合の向上についてである。地域経済発展において、お金の域外流出防止は重要である。地域では食料購入費とエネルギー購入費の域外流出が目立つところが多い。ここではエネルギー購入費について述べる。エネルギー購入費の域外流出削減は、省エネ・エネルギー効率向上によりエネルギー購入量を削減、地域の再エネ割合を高めエネルギー購入先を域外から域内に変更し実現する。熱利用については、化石燃料なら光熱費は域外流出である。再エネ熱の場合は全て域内ではなく、太陽熱や地熱、地元バイオマスなら域内、海外バイオマスなら域外流出継続である。域内再エネの供給拡大を、投資回収可能な設備投資などにより実現し、熱利用による光熱費流出を削減する。電力についても、地元企業・家庭が、省エネで量自体を減らし、地元主体からの発電電力を購入する割合を増やし、電力消費による光熱費流出を減らす。これには、地元主体の発電所設置を促進し、それを集めて売るしくみを設けることが有効である。この推進政策に地域エネルギー会社、地域電力小売会社の設立と専門家アドバイスがある。自治体が設立を支援、出資などで明確に関与し、自治体の脱炭素政策・計画に、地域電力小売会社が再エネ割合の高い電力を地域で販売し再エネの率も量も拡大していくことなどを位置づけることが有効である。再エネ熱利用政策では、市街地では地域熱供給で再エネ熱を集め供給することがある。地域主体による発電所設置に対しては、太陽光も設備費・事業採算性の確認、技術の確認のため、公的な再エネポテンシャル情報の提供、専門家による相談窓口設置やアドバイスなどが有効である。太陽光以外の風力、水力、地熱、バイオマスは技術の専門的知見、事業採算性の見極めが不可欠である。公的な再エネポテンシャル情報の提供、専門家による相談窓口設置やアドバイスが求められる。

専門家の関与は、地域電力小売会社でも必要である。技術の専門家と、小売会社の事業採算性と経営、需給調整（可能なら需給調整グループに入らず単独で）、電力売買などのノウハウを助言などで身につけ、再エネ100％目標の実現に向けた地域対策を、堅実な経営により実現していくことが求められる。

おわりに

異常気象が多発している。温暖化の進展でこれら悪影響は激化する。悪影響の低減は温暖化の原因である温室効果ガス、その中でも排出量の大きいCO_2の排出削減が必要である。世界で気温上昇1・5℃未満抑制、2℃未満抑制を目標に対策を進めつつある。

脱炭素に近い、2050年度に1990年度比90-95％のCO_2排出量を削減する対策は、今の技術および商業化目前の技術普及で、公害の大きい、あるいはリスクの大きなエネルギーに依存せずに可能である。

推進政策として、大口排出事業者への炭素価格付けなどの政策に加え、地域企業や家庭の省エネ再エネ対策と費用対効果の専門家・実務家による公的中立のアドバイス、国・自治体・公的機関による中立の情報提供、地域の再エネを増やし地域に供給しエネルギー自給率を上げる地域エネルギー会社の自治体関与による設立と運営などが有効である。

温暖化対策は、危険な温暖化の悪影響回避だけでなく、対策実施の企業と家庭に副次的メリットがある。累積光熱費削減が累積設備投資額を上回り、費用効果的に実現可能、投資回収後は浮いた光熱費削減分を他の投資や貯蓄に回すことができると推定される。

温暖化対策は、国全体と地域全体にも多くのメリットがある。省エネでエネルギー消費量を大幅に減らすとともに、地元再エネ割合を大幅に増やすことで、国や地域からの域外への化石燃料輸入・光熱費流出を大幅に減らし、お金の流れを国内・地域に取り戻すことができる。また、この時の対策投資について地域企業の受注割合を拡大し、先の光熱費減で浮いたお金の流れ、地元企業受注で得たお金の流れをあわせ、地域の雇用拡大、地域発展につなげることができ、人口減になやむ地域にとって、人口減緩和の主要対策になる可能性もある。

（歌川学）

（注）

1、ＩＰＣＣ：第五次評価報告書第一作業部会報告、２０１３年。

2、ＩＰＣＣ：１・５℃特別報告書、２０１８年。

3、ＵＮＥＰ：Emission Gap Report 2019.

4、ＩＲＥＮＡ：Renewable Power Generation Costs in 2019.

5、ＩＥＡ：Key wprld energy statistics,2020.

6、スペインは石炭火力廃止年次目標がないものの廃止計画が相次ぎ1基を除いて廃止、残り1基も数年で廃止の見込みである。

7、ＩＥＡ：Global EV Outlook 2019.

8、外務省気候変動に関する有識者会合「エネルギーに関する提言」、２０１８年。

9、気候ネットワーク「温室効果ガス排出量算定・報告・公表制度による２０１６年度データ分析」,2020.

10、平田賢「21世紀『水素の時代』を担う分散型エネルギーシステム」、機械の研究,Vol.54,No.4,pp.423-431,2002.

11、資源エネルギー「エネルギーの使用の合理化等に関する法律に基づくベンチマーク指標の実績について」２０２０年。

12、主に自家用乗用車。家庭用だけでなく企業用も3分の1強。

13、ただし自動車燃料のうち大型長距離トラックについては商品化を待って考える必要がある。
14、環境省「再生可能エネルギーゾーニング基礎調査報告書」２０２０年。
15、賦存量つまり物理的可能性ではなく、自然公園、保安林、市街地除外など社会的条件を考慮したポテンシャル。
16、高炉製鉄は鉄鉱石還元が必要で、石炭をそのまま天然ガスに転換できない。
17、資源エネルギー庁「長期エネルギー需給見通し関連資料」，総合資源エネルギー調査会長期エネルギー需給見通し小委員会第 11 回会合資料 3,2015.
18、CO_2を回収し、地下や海底に埋める。油田に埋める技術はあるものの、日本の地下や海底は未完成技術。原理的に高コスト。
19、飛行機から煙をまいて太陽光線を遮断すること、海洋に鉄粉をまいて海洋プランクトンの光合成を活発化させCO_2を吸収させる等。機能通りできたとしてもどのような悪影響がおこるか全くわかっていない。
20、歌川学・堀尾正靭「90％以上のCO_2削減を２０５０年までに確実に行うための日本のエネルギー・ミックスと消費構造移行シナリオの設計」、化学工学論文集，Vol.46,No.4, pp.91-107, 2020.
21、省エネ型でない単純な設備投資額は計算に入れない。

22、財務省「貿易統計」２０２０年。
23、ＩＥＡ：World Energy Outlook 2019.
24、再生可能エネルギー電力設備投資で海外の太陽光パネル、海外の風力発電機を使う場合、パネルや発電機自体は輸入品としても、企画、施工、更にその後のメンテナンスなどは国内企業の受注になる可能性が高い。
25、現在は新築床面積３００㎡未満の建物には規制がない。既存建築物も、たとえ断熱基準が改定されても適用がない。
26、再エネの多くは燃料費がゼロなので、追加費用（電力量ｋＷｈあたりの燃料費＋炭素税）が安い順でよい。これは再エネ優先が、大型電源を有する発電会社の利益とは違うかもしれないが、社会全体としては経済合理的であることを示している。

第5章
次世代産業と企業の社会的責任
――コロナショック後のテクノロジーと巨大企業

はじめに――コロナショックが変えるもの

2020年に顕在化した新型コロナウィルスの感染拡大（コロナショック）は、人びとの社会生活に大きな影響を与えている。コロナショックは人びとを空間的に分離する措置、すなわちソーシャル・ディスタンスを規範化したが、これは危機への一時的対応にならない可能性が高い。なぜなら、新型コロナウィルスは克服しえても、「次のウィルス」の可能性は論理的には尽きないからである。このため、人びとを空間的に分離しながらも「つなぐ」テクノロジーに社会的注目が集まらざるをえない。とくに、ロボットによる身体の代替――これは最終的に空間的移動の必要性を極端に低下させるところまで進む可能性がある――とコミュニケーションを効率化する技術に資本が集中せざるをえない[1]。

前者は、まだ実用化のめどは立っていないが、将来重大な変化を社会に及ぼす可能性のあるテクノロジーである。すなわち、将来的には人間の感覚器官の一部をロボットに代替させることで「物理的に移動しなくても、移動したのと同じ効果を得られるサービス」の提供が開始される可能性がある。こうしたサービスは空間的、物理的移動の必要性を極端に低下させ、交通インフラはもとより、都市構想のあり方そのものを変える可能性を秘めている。

後者は、すでに私たちが日常的に利用しているインターネットの延長線上で次々と生まれているサービスが当てはまる。２０２０年3月以降、一部の事業所でしか利用されていなかった「マイクロソフト・チームズ（Microsoft Teams）」や「ズーム（Zoom）」、「グーグル・ミート（Google Meet）」などのアプリケーションが、一気に普及した。リモートワークが当たり前となっただけでなく、趣味のサークルなどでも活用が進んでいる。こうしたコミュニケーションの様式が、一部あるいはかなりの部分の既存のコミュニケーション手段を代替できると認知されれば、こうしたツールの利用は増えこそすれ、減ることはないだろう。

重要なことは、以上すべてが特定の企業、しかも巨大企業によって担われているということである。現在、政府や自治体が行っている事業――道路・海路・空路や通信インフラの整備など――の一部あるいはかなり部分を特定の巨大企業が代行するような社会が到来するかもしれない。「公」のあり方に重大な変化が生まれる可能性があり、企業の社会的責任（ＣＳＲ）がいっそう問われてくる。

本章では、こうした現実をふまえて、「次世代産業」のうち、とくにコミュニケーションを組織化、「効率化」する巨大企業の利潤追求の実態とそのメカニズムをあきらかにし、そのことによる市民生活にたいする功罪を検討してみたい。「功」と「罪」のうち、とくに「罪」についてはＣＳ

Rが問われるところであるが、他の産業領域とおなじく、企業の自主的なとりくみに任せているだけでは実効性はおぼつかない。それだけでなく、かれらの事業活動を人びとが把握し、民主主義的にコントロールするためには、それが可能となる「武器」が必要となる。そのため、政策と政治の重要性も強調したい。

1、産業・経済・政治の全領域で重要性が増す「データ」

コミュニケーションを組織化、「効率化」する[2]巨大企業の代表格は、アメリカの巨大ＩＴ企業であるグーグル（Google）、アップル（Apple）、フェイスブック（Facebook）、アマゾン（Amazon）そしてマイクロソフト（Microsoft）である。前の４社の頭文字をとって「ＧＡＦＡ（ガーファと読む）」と呼ばれており、これにマイクロソフトをくわえて「ＧＡＦＡＭ」を呼ばれることもある（本章ではこうした企業の総称として「ＧＡＦＡ」を用いる）。これが初めて活字メディアに登場したのは２０１２年12月のフランス「ル・モンド」紙で、もともとは、租税回避や個人情報の収集を懸念する文脈で用いられた。また、ＧＡＦＡは、経済的支配力、文化的影響力の両面から、これら４社を批判的に検討しようとする意味をもっていたので、ハイテク産業を肯定的に描く文脈では、使用が避けられていた。[3] しかし、２０１８年に入ると、ＥＵや一部のヨーロッパ諸国とくにイギリスやフランスがデジタル課税を問題にするようになり、一気に人口に膾炙するようになった。

ＧＡＦＡの事業活動にとってもっとも重要なものは「データ」である。データを利潤獲得にむすびつけるメカニズムについては次節で詳述するので、ここでは簡単に触れるにとどめるが、オンラインで人びとが検索したキーワードやメールやチャットでのやり取り、位置情報などのデータを大量に収集して分析すれば、そこに一定の規則性やパターンを見出すことができ、オンライン広告の精度を高めたり、新サービスの提供に貢献する。したがって、ＧＡＦＡをはじめとした巨大ＩＴ企業は「データ寡占」に注力するのである。

データをめぐる問題はたんに巨大ＩＴ企業にとって重要であるだけではない。いまや国と国との政治的な摩擦にも発展し、産業、経済、政治のあらゆる領域において重大な課題となっている。その一例として、米中摩擦のケースを紹介しよう。米中関係の緊張は２０１８年末のファーウェイ副会長逮捕が最初のピークだったが、年明け２０１９年1月以降は急速に楽観論が台頭し「なんらかの妥協が成立するだろう」と見込まれていた。しかし、２０１９年5月5日にトランプ大統領がツイッターで突如対中追加関税の発動を示唆し、市場に強い衝撃を与えた（このことはツイート直後から市場の動揺が始まったことから理解できる）。また、同年5月8日には、トランプ大統領は演説で「中国側が合意をぶちこわした」と非難した。

いったん楽観論が台頭していたにもかかわらず、突然緊張が高まった（ようにみえる）のはなぜなのか。朝日新聞の取材によれば、「米国が14億人のビッグデータを活用しようとIT領域にも切り込んだことで、〔筆者：2019年4月末の交渉は〕暗礁に乗り上げた」からである。すなわち、アメリカはデータのローカライゼーション（データの国内保存義務、データの国外持ち出し規制）をすすめるとされる中国のサイバーセキュリティ法の見直しを要求したが「中国は突っぱねた」という。[4]

この事実が示唆することはきわめて重要である。すなわち、アメリカは、中国のデータの国内保存義務がGAFAをはじめとする自国の巨大IT企業の事業活動にとって障害となっており、どうしても除去したいと考えている一方、中国は、技術移転や知的財産権保護では一定の妥協はできても、サイバーセキュリティ分野における妥協はできないと考えていることを示唆するからである。ようするに、互いに妥協できない一線が「データ」なのである。[5]

以上のように、「データ」をめぐる問題は、現代の主導的な産業である巨大IT企業にとって重要であるだけでなく、政治的にも焦点のひとつとなっているのである。

２、コミュニケーションを利潤に変える

(1)プラットフォーマーとしてのＧＡＦＡ

それでは、ＧＡＦＡはどのようにしてデータを利潤獲得にむすびつけているのだろうか。ＧＡＦＡのような企業は「プラットフォーマー」と呼ばれることがあるが、プラットフォーム（取引プラットフォーム）とは、「両面プラットフォーム（もしくはマルチサイドプラットフォーム）のかたちをとっている市場仲介組織[6]」のことである。「両面（あるいはマルチサイド）」とは、①同一の企業が、②同一の財やサービスを、③２つ以上の異なる経済主体に提供する、ということを意味する。たとえば、私たちが日常的に利用しているＰＤＦを例に考えてみよう。ＰＤＦ規格を提供するアドビ（Adobe）社は、無料のＰＤＦリーダーを一般消費者に、有料のＰＤＦ作成ソフト

図1　両面市場とプラットフォーム企業

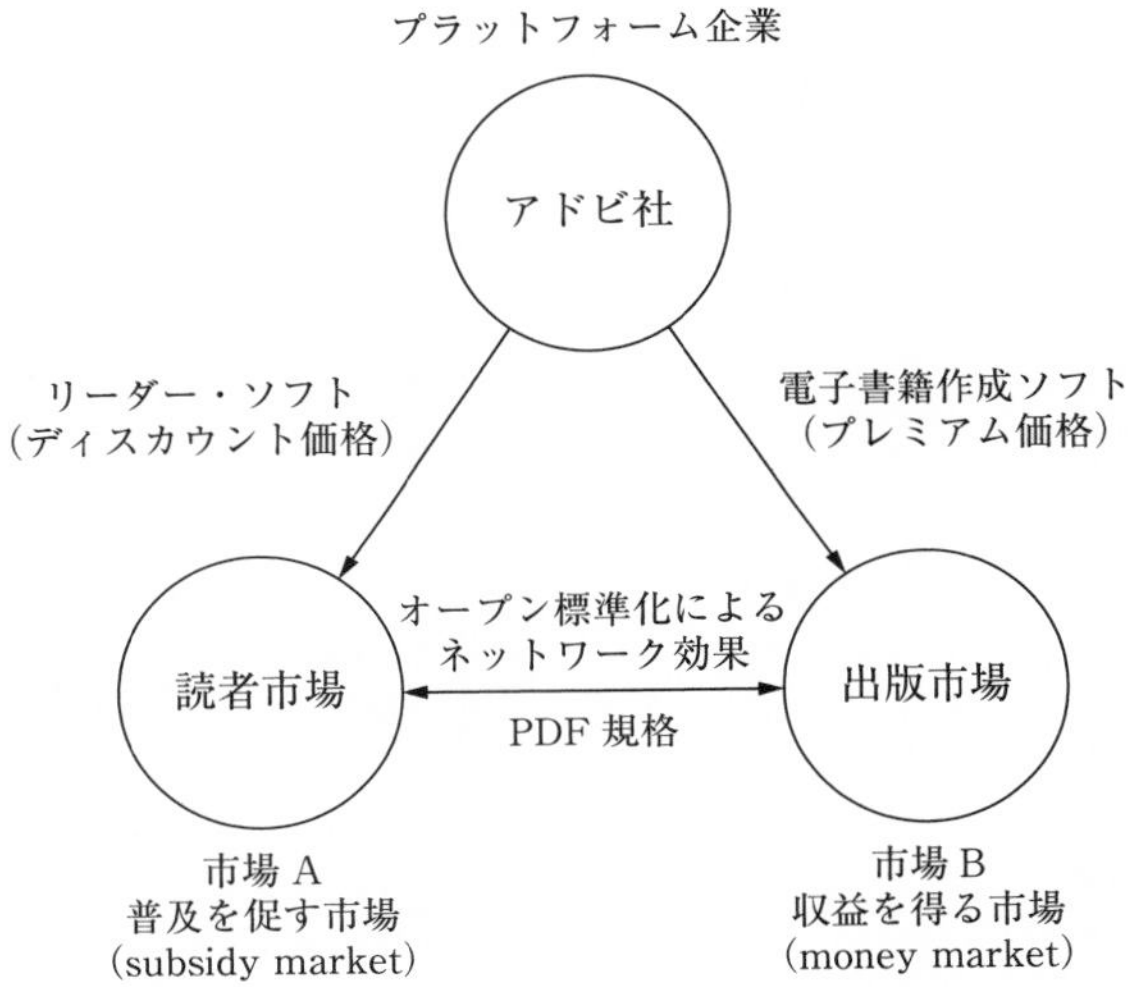

出所：立木博文『プラットフォーム企業のグローバル戦略――オープン標準の戦略的活用とビジネス・エコシステム』有斐閣、2017年、p.41.

をコンテンツのつくり手（出版社や作家など）に提供しているが、同社はこうすることによって、ＰＤＦ規格の普及とＰＤＦ作成ソフトの販売による利潤獲得を同時に実現している（図1）。

グーグルやフェイスブックの提供しているソーシャル・ネットワーキング・サービス（ＳＮＳ）をみると、ＧＡＦＡが提供しているものが「取引プラットフォーム」であることを直観的に理解できる。「たとえば、ユーチューブは主に動画を観るためのソーシャルメディアのサイト。リンクトインはソーシャルネットワーキング・サービス、あるいはオンラインの社会的ネットワークといい換えることもでき、関連する職業に就く人同士や関連する研究分野の人同士をつなぐ働きをする。（…）フェイスブックやグーグルプラス、ツイッターは両方の側面を備えたマルチプラットフォーム・ウェブサイトだ。その性質上、ソーシャルメディア・サイトの誘引力は、ユーザーの数に左右される（傍点筆者）」。[7]

GAFAはこうした取引（上の例ではコミュニケーションという「取引」）を組織する「器」（プラットフォーム）を提供することによって、人間と人間のコミュニケーションを組織化し、「効率化」しているわけである。

(2) データ寡占の追求

フェイスブックのようなSNSやウェブ検索サービスはほとんどの場合無料で利用できる一方で（これを「フリーミアム」という）、利用者は頻繁にオンライン広告を目にする。GAFAはこうしたオンライン広告を主たる収益の源泉としている。無料の財やサービスが存在するということは、企業が利潤最大化を図ろうとする財・サービスがもう一方に存在するということを意味するわけである。[8] グーグルの場合、主要な収益市場のひとつは広告だが、これは、ディスプレイ広告（提携サイト、提携アプリ、Gmailなどのサービスに表示される広告）、動画広告（TrueViewインストリーム広告、バンパー広告、TrueViewディスカバリー広告）を表示することで料金を徴収している。[9]

ここで注目したいのは、GAFAのデバイスやサービスのユーザーが増えれば増えるほどその利用状況に関するデータは膨大なものになるということである（ビッグデータ）。つまり、グーグルはその検索エンジンを用いてあらゆる者からデータを収集するだけではない。ユーザーがGmailアカウントでメールを作成するなかで関心をもっている事柄を解析し、YouTubeでなにを観ているかを分析することで特定のユーザーが強い興味をもちうるコンテンツを分析している。さらに、グーグルマップ（Google Map）をつうじてユーザーの所在地に関するデータを集積し、アンドロイド（Android）を搭載したスマートフォンの利用から生じるあらゆるデータも集めている。また、当然のことながら、グーグルのオンラインサービスのウェブ全体から供給される利用者情報も収集している。[10]

こうして集積されたビッグデータは、GAFAの提供する製品やサービスの品質改善や新規製品・サービスの開発に寄与する。[11] このことがもつ意味は2つある。

第1に、大量に収集したデータをもちいて、より消費者に魅力的なサービスを提供し、その結果より多くの利用者を獲得することができれば「規模に関して収穫逓増」が生じるということである。

ある種の財やサービスは、「利用者が多いことそれ自体」に意味がある場合がある。たとえば言葉を考えてみよう。どんなにすぐれた文法体系をもつ言語も、その言語を理解し話す人がすくなければすたれていく。逆に文法体系に問題があっても、その言語を理解する人が多ければ、その言語の話者は増えていく。あるいは、ビデオの規格もおなじである。かつてビデオテープの規格にはＶＨＳとベータの2種類があり、機能面ではベータのほうが優れているとされたが、ＶＨＳ規格で魅力的な作品が多数登場したこともあって、機能面で劣っているとされたＶＨＳが普及した。

こうした経済効果のことを「ネットワーク外部性」という。これは競合他社にたいする強力な参入障壁になりうる。「ネットワークをコピーするのは、機械の機能をコピーするよりもずっと難しい。ノキアとブラックベリーがアップルとグーグルに負けたとき述べたように、携帯電話の機能がもたらす価値は、無数のアプリ開発者のコミュニティーがもたらす価値と比べると、はるかに小さい。ネットワーク効果は、『経済的に最強の堀だ』」[12]。利用者が多ければ多いほど（利用者の「規模」が大きければ大きいほど）、収益も拡大する（収穫逓増）という循環がはたらく。そして、こうした構造がひとたび確立してしまえば、ライバルがこれを崩すことは容易ではない。

第2に、「範囲に関して収穫逓増」が生じる可能性がある。グーグルのもともとの事業は検索サービスであったが、その後、動画サービス（YouTube）やメールサービス（Gmail）、オンライン会議サービス（Meet）などさまざまなサービスの提供に乗り出した。これは、もともと提供していたサービス（検索サービス）の利用者が爆発的に増大し、そこから得た大量のデータを他のサービスの開発に活かすことで可能になった。そして、首尾よく他のサービスの利用者が拡大すれば、そこでもまた大量のデータを獲得でき、今度はそのデータをもともとのサービス（検索サービス）の改善に活かすことができる。

つまり、さまざまな財・サービスの利用によって収集された大量のデータを連携することが可能であれば、GAFAは、個々のデータ部分（データサイロ）の総計よりも大きい「超付加的な」知見を得ることが可能になるだろう。[13] これは「全体」は「部分の総和」以上を意味するということである。「部分」（個々のサービス）が広がれば広がるほど（=範囲が広がれば広がるほど）、データの解析によって得られる情報の質も改善してゆく（収穫逓増）という循環が生じる。ひとたびこうした循環を確立してしまえば、ライバルが追いつくことは容易ではない。

以上はいずれも独占の源泉であり、独占を確立しえた企業には「報酬」として超過利潤がもたらされる。ＧＡＦＡのけた外れの利潤率を考えてみれば、このことはすぐに理解できるだろう。このような経済的動機があるがゆえに、ＧＡＦＡをはじめとする巨大ＩＴ企業はデータ寡占を追求しているのである。

3、求められる企業の社会的責任

(1)政策につきつけられた課題

こうした巨大企業の動向に、競争当局は実効的に対処できるだろうか。先述のように、無料の財やサービスが存在することは、その一方に利潤最大化を図る市場があるということ意味するが（両面市場）、こうした経済活動が一般化すると、反競争行為の分析も従来とは異なったアプローチが必要になってくる。つまり、これまで市場支配は「競争的水準以上に価格を維持し、または生産量もしくは生産品質を競争水準より低い水準に制限する能力」[14]とされてきたが、無料の財・

サービスの市場ではそもそも価格がついていない。従来の定義をそのまま適用するとこうした市場で活動する企業に競争当局はなにも対処できないが、これに問題があるのはあきらかだろう。また、現状ではユーザーのサービスの利用履歴は対価なしに大量に収集されているが、このことが個人のプライバシーを侵害する可能性は高い。しかも、こうして収集されたビッグデータによって生み出された「超付加的な」知見[15]によって、財やサービスの品質改善が継続的に進めば、ユーザーはその財・サービスから離れられなくなる。仮にプライバシーに配慮した財・サービスを提供する企業があらわれたとしても、こうしたロックイン効果によって、消費者はその選択肢を選択することができないかもしれない。[16]また、プライバシーは多くの国で人権当局の管轄下にあり、競争当局の所管するところではない。

グーグルでデザイン倫理を担当していたある人物は、テクノロジーが人間の弱みにつけ入る方法を研究していたと証言している。かれはiPhoneを「スロットマシン」と呼んで賭博と同様の中毒性があるといい、「写真を投稿した直後に『いいね』を付けた人に報酬を与えると、行動が強化され、場合によっては習慣化する可能性がある」としている。[17]つまり、生活世界とGAFAによって創出されたネットワークが一体不可分になるように意識されているのである。[18]

GAFAは、社会や文化と区別される意味での経済過程において巨大な影響力を行使するにとどまらず、人びとの生活世界にも浸透している。ＧＡＦＡの市場集中が続けば、分権化された意思決定システムとして理想化されている市場の機能も損なわれる可能性がある。[20]

(2)「ネオ・エコノミー」の光と影

では、消費者にとって、ＧＡＦＡの提供するサービスはマイナスになるばかりなのだろうか。もちろん、プラスとなる面もある。カリフォルニア大学バークレー校のブラッドフォード・デロング教授は、日本経済新聞社が編集した『ネオ・エコノミー』という書物で以下のように述べている。

「公的な経済統計は１８００年から続く『普通』の経済成長の把握に優れている。前年につくったモノを今年はどれだけ少ない資源で再びつくることができたのか、ということだ。産業革命以降、我々はそれを技術革新（イノベーション）と位置づけ、成長の基準としてきた。（…）新たな技術の時代になり我々の暮らしは大きく変わった。国内総生産（ＧＤＰ）はモノやエネルギーの利用は計測できても、情報アクセスの進化やコミュニケーションの向上をつかむのは得意ではない。後者はいま、急速に経済社会での位置付けを高めている。（…）データなど情報が材料になると、生み出す余剰は10倍にも上る。(…)私は経済が形を変えているのだと言いたい。もはや橋や鉄道が進歩していく時代ではない。コミュニケーションや情報のやりとりが容易になっていく時代だ。富をどう活用し、コミュニケーションをどう幸福に変えていくかが問われている」[21]

ここでデロング氏が述べていることは、GAFAをはじめとする巨大IT企業が提供する財やサービスは、金銭的価値以上の「効用」を提供している可能性があるということである(消費者余剰)。これまで触れてきたように、多くのSNSや検索サービスは無料で提供されている。消費者はその利用に際して金銭的な対価を支払う必要はないことになっている。一方、こうしたサービスを抜きにした生活はもはや考えられなくなっており、たしかに消費者余剰は大きいと考えるべきだろう。

しかし、私たちは、みえない「対価」を支払っている可能性に注意を向ける必要がある。それは前節で触れたプライバシーという「対価」である。第二次世界大戦後の多くの期間において、個人情報をはじめとしたプライバシーは、政府などの公的機関が管理・監督するものとされてきた。たとえば郵便を考えてみよう。日本では、郵便をつうじてやり取りされる私人間のコミュニケーション(信書)を開いたり、棄損したり、その秘密を侵すことは郵便法によって処罰の対象となってきた。また、そもそも、戦後交付された日本国憲法では、第21条で通信の秘密を侵すことを禁止している。これらは破られることもあったが、公的機関が行う事業である以上、選挙等をつうじた民主主義的な統制のもとに置かれ、一定の緊張があったと考えてよい。

しかし、私企業の行うコミュニケーション事業には、こうした緊張関係は薄い。もちろん、電気通信事業法等によって憲法の規定は活かされることになっているが、消費者や利用者がかれらの事業活動に直接に影響力を及ぼすことは困難である。「消費者のプライバシーを侵すようなサービスは使わなければよい」という見解もあるかもしれないが、上述のように、データ寡占が事業者に独占をもたらし、実質的にごく少数の企業の提供するサービスを利用せざるをえなくなっていることを考えていると、この主張にも問題がある。ようするに、「消費者余剰」という光の裏には、プライバシーが犠牲になるという影が色濃く存在するのである。

(3)プライバシーの保護と人びとの関与

プライバシー保護という観点からすぐに思い浮かぶのは、データ収集のプロセスに消費者である人びとが直接に関与するということである。しかし、こうした素朴なアプローチには困難もつきまとう。なぜなら、①パソコンだけでなくスマートフォンや時計といったさまざまなデータ収集用のデバイスが氾濫し、集められるデータは爆発的に増大しているし、②莫大な量の雑多なデータを分析する手法（アルゴリズム）は、ごく一部の専門家にしか理解できないほどに複雑化している。したがって、データ収集に人びとが関与するということは理想的ではあるものの、時間と能力の両面から、現実的とはいいがたい。

そこで注目されているのが、利用者がみずからの意思で利用するサービスを乗り換えられるようにするための措置である。これを「データ・ポータビリティ（データの持ち運び可能性／移植性）」という。たとえばアメリカでは、2011年に「スマート開示」という制度を開始した。これは、消費者が、安全かつ持ち運び可能なかたちで、みずからのデータのほか、製品や企業のデータにアクセスできるようにすることを目的にした取り組みである。また、同じ年にイギリスでは、「Midata」とよばれる政府支援の取り組みがはじまった。このプログラムでは、企業は顧客にたいして、持ち運び可能で、できれば機械判読可能なかたちで、その消費量と取引データを提供することが奨励される。さらに、欧州委員会の提唱した「データ・ポータビリティの権利」では、「利用者がさまざまな付加価値サービスを提供している第三者にデータを渡すことを可能にする」ことを謳っている。[22]

こうした流れを受けて、日本では2020年6月に個人情報保護法が改正された（2022年

6月までに施行）。本章との関係で重要なのは、①個人が望まないデータの利用停止を企業に求める権利を拡大させたこと（使わせない権利）、②違法または不当な行為を誘発する恐れのあるデータ利用を禁止したこと、③「個人の権利に害を与える恐れが大きい」漏洩の報告を義務化したこと、④法人への罰金を上限1億円に引き上げたこと、の4点である。しかし、この改正法では個人を識別できないようにした「仮名加工情報」なら条件付きで①の利用停止請求権などの対象から外すことにもなっており、「望まないデータの利用停止」が無条件ではないことに注意が必要である[23]。

さらに問題があるのは、一般の消費者には、どのようなデータが収集されているかをすべて把握することは物理的に不可能であるうえに、それらがどのように処理されているかを理解することも（専門家ではないので）事実上不可能であるにもかかわらず、こうした問題を克服するための実効的な措置が具体化されていないということである。無条件の「使わせない権利」の保障も重要であるが、そもそも「なんの」データが、「どのように」利用されているのか、あるいは処理されているかを知るための手段が提供されなければ、法改正の趣旨――「使わせない権利」の拡充――が絵に描いた餅になってしまう。これではデータを集める側に事実上のフリーハンドを与えることになってしまいかねない。

(4)企業の社会的責任と政策・政治の役割

企業に市民社会の一員としての良心を期待し、かれらにその責任を果たさせる規範として「企業の社会的責任（CSR）」という考え方がある。日本では日本経済団体連合会（日本経団連）が「企業行動憲章」を提唱して以来、企業社会にも普及してきた。

２０１７年11月8日に改定された同憲章の序文では「企業は、公正かつ自由な競争の下、社会に有用な付加価値および雇用の創出と自律的で責任ある行動を通じて、持続可能な社会の実現を牽引する役割を担う。そのため企業は、国の内外において次の10原則に基づき、関係法令、国際ルールおよびその精神を遵守しつつ、高い倫理観をもって社会的責任を果たしていく」として、企業の社会的責任の重要性を強調している。[24]

その10原則とは、

①持続可能な経済成長と社会的課題の解決——イノベーションを通じて社会に有用で安全な商品・サービスを開発、提供し、持続可能な経済成長と社会的課題の解決を図る。

②公正な事業慣行――公正かつ自由な競争ならびに適正な取引、責任ある調達を行う。また、政治、行政との健全な関係を保つ。
③公正な情報開示、ステークホルダーとの建設的対話――企業情報を積極的、効果的かつ公正に開示し、企業をとりまく幅広いステークホルダーと建設的な対話を行い、企業価値の向上を図る。
④人権の尊重――すべての人びとの人権を尊重する経営を行う。
⑤消費者・顧客との信頼関係――消費者・顧客に対して、商品・サービスに関する適切な情報提供、誠実なコミュニケーションを行い、満足と信頼を獲得する。
⑥働き方の改革、職場環境の充実――従業員の能力を高め、多様性、人格、個性を尊重する働き方を実現する。また、健康と安全に配慮した働きやすい職場環境を整備する。
⑦環境問題への取り組み――環境問題への取り組みは人類共通の課題であり、企業の存在と活動に必須の要件として、主体的に行動する。
⑧社会参画と発展への貢献――「良き企業市民」として、積極的に社会に参画し、その発展に貢献する。
⑨危機管理の徹底――市民生活や企業活動に脅威を与える反社会的勢力の行動やテロ、サイ

バー攻撃、自然災害等に備え、組織的な危機管理を徹底する。

⑩経営トップの役割と本憲章の徹底――経営トップは、本憲章の精神の実現が自らの役割であることを認識して経営にあたり、実効あるガバナンスを構築して社内、グループ企業に周知徹底を図る。あわせてサプライチェーンにも本憲章の精神に基づく行動を促す。また、本憲章の精神に反し社会からの信頼を失うような事態が発生した時には、経営トップが率先して問題解決、原因究明、再発防止等に努め、その責任を果たす。

からなる。

かつてミルトン・フリードマンは、「企業経営者の使命は株主利益の最大化であり、それ以外の社会的責任を引き受ける傾向が強まることほど、自由社会にとって危険なことはない。これは、自由社会の土台を根底から揺るがす現象であり、社会的責任は自由を破壊するものである[25]」と述べて、企業の唯一の責任は利潤追求（株主利益の最大化）であるとした。日本もふくめて、今日、CSRという考え方が企業社会に浸透していることは、こうしたフリードマンの認識から比べれば大きな飛躍である。しかしながら、CSRはあくまでも私的利益の追求を目的とした企業の自発的な取り組みにすぎない。自発的な取り組みは重要であるにしても、その活動は「利潤追求に支障のない範囲で」おこなわれるにすぎない側面があるのである。[26]

そもそも、企業が自身の責任の範囲を広げざるをえなくなったのは、消費者団体など市民社会からの声や要請、公害反対運動などのさまざまな社会運動、これらを反映した法整備が進んできたからである。その意味では、企業にその社会的責任を果たさせるためには「企業の良心」に期待するだけでなく、市民社会の運動と政策・政治の役割が必要である。

ＧＡＦＡをはじめとする巨大ＩＴ企業のサービスは私たちの生活に欠かせないものになっており、無料で利用できるなど、そのメリットは大きい。しかし、その犠牲となっているものは、私たちのプライバシーである。「原材料」であるプライバシーを対価なしで手に入れ、それを利潤に変えるような仕組みがあるからこそ、ＧＡＦＡの利潤率はきわめて高い。[27] このことは、一般的な企業――たとえば食品メーカーが、原材料であるコメや野菜を対価なしに手に入れ、それを加工して販売している状況を想像すれば、いかに法外なことかが理解できる。

前項で述べたとおり、消費者や市民がみずからのプライバシーを守るためには、「使わせない権利」を主張すると同時に、そうした権利を行使するための手段を整えさせることが大切である。どのようなデータが収集され、それがどのように処理され、どのように流通しているかをだれもがわかりやすく理解できるようにするためには、そのための専門的な組織が必要となってくるだろう。そして、そうした組織の整備には、当然多額の費用がかかる。こうした費用はデータを収集・分析する企業にとってはコスト以外のなにものでもなく、みずからの利益を圧迫する要因となるので、自発的な取り組みは期待しがたい。

そうであるからこそ、政治のイニシアティブによって、政策的措置が必要となってくるのである。そのためには当然、財政措置も必要となろう。

おわりに——産業や経済の意思決定に人びとが関与するには「武器」が必要

本章では、「次世代産業」のうち、とくにコミュニケーションを組織化、「効率化」する巨大企業の利潤追求の実態とそのメカニズムをあきらかにし、そのことの市民生活にたいする功罪を検討してきた。「功」と「罪」のうち、しばしば注目されるのは「功」の側面——本章で紹介した「消費者余剰」の大きさ——であるが、その陰にあるのは「罪」の側面、すなわち対価なしのプライバシーの取得である。「罪」の是正のためには「企業の良心」を問うだけでなく、政策が必要である。日本でも個人情報保護法の改正などの取り組みは進んではいるものの、「データを使わせない権利」の保障は条件付きであるだけでなく、人びとが企業の活動を把握するために必要な実効的措置が不十分であった。これでは改正個人情報保護法は絵に描いた餅にならざるをえない。

そうした問題がある中で、政府・与党は２０２０年にスーパーシティ法案（国家戦略特区法改正案）を国会に提出し、可決成立させた。この法律は「都市の管理」を丸ごと企業に任せることを可能にする法律で、法律によって厳格に守られている行政情報や都市交通に関する情報、医療に関する情報、資金決済に関する情報などの企業による管理に道をひらく。「なんの」データが、「どのように」処理され、利用されているのかを、消費者や市民が把握する手段抜きにこうした制度が導入されてゆけば、プライバシーの保護はますます遠のく。

ＧＡＦＡをはじめとする巨大ＩＴ企業は、コミュニケーションそのものを利潤獲得の手段に変えたという点で「画期的」であるが、その究極の目標のひとつは「都市経営」である。都市を「コミュニケーションの集積地」とみなせば、都市はこれらの企業にとって「宝の山」である。実際、グーグルはカナダのトロントに「スマートシティ」を建設する計画を打ち出しプロジェクトを進めていたが、これは住民の反対運動にあってとん挫した。都市交通をはじめあらゆる情報が私企業に管理されることにたいして、住民が「否」の声を挙げたのである。[28] 日本では実効的なプライバシー保護法制の整備抜きに、データ寡占をますます強化するための制度・政策が具体化されていると言わざるをえない。

企業や産業は市民社会の一員ではあっても、主人公ではない。かれらの事業活動が健全な形で発展するためには、市民社会の主人公である市民がかれらの活動に関与する必要がある。専門的な知識をもたない人びとが、GAFAをはじめとする先端的な産業・企業の事業活動に関与するためには、相応の条件が必要である（この点は第2章で触れている「経済活動の意思決定への人びとの関与」ということに関係する）[29]。産業や経済にも民主主義をもたらすためには、そうした「武器」を政治と政策が提供する必要があるだろう。これは、経済や産業さらにはテクノロジーが人びとのためにはたらくようになるための基礎的な条件である。

（森原康仁）

（注）

1、こうしたテクノロジーを理解し、つくりだすことのできる人は、理工系の一部の人材、しかも博士の学位をもつごく一部の人材である。人材は希少であり、かれらの所得（賃金）は相対的に高くなってゆく。一方、そうしたスキルをもたない人の所得には下押し圧力がかかる。20世紀の技術革新は「熟練を必要としない方向」で進歩してきた。チャップリンの『モダンタイムズ』が描いた工場は、労働者が機械の歯車のようにあつかわれることの悲喜劇だったが、これは「手に職をもたない人が機械の組み立てなど複雑な製品の生産に参加する時代」の産物だった。これはよくもわるくも労働者の所得を向上させ、大衆社会の到来の条件をつくった。しかし、現代の技術革新は「熟練を必要とする方向」で進行している。このことが、スキルの有無が所得格差の拡大に帰結する事態を生み出す（これは技能偏向型技術変化 SBTC: Skill-Biased Technological Change と呼ばれる）。

2、コミュニケーション（社会的相互行為）は、人間の本性のひとつである。コミュニケーションそのものを本格的に資本蓄積の対象にすることができるようになったという点で、情報技術の発展は技術的にみて画期性がある。

3、Chibber, K. “American cultural imperialism has a new name: GAFA,” *QUARTZ*, December 1, 2014.

4、福田直之・青山直篤「米中協議きわどい攻防　米、知財保護に根強い不信感　中国、IT 領域開放に抵抗」『朝日新聞』２０１９年5月10日付朝刊。

5、米中摩擦とデータ規制問題については、拙稿「地政学的競争下の米中技術覇権競争――体制維持・産業アップグレード・データローカライゼーション」『比較経済体制研究』第26号、２０２０年、も参照されたい。

6、丁可・潘九堂「『山塞』携帯電話――プラットフォームと中小企業発展のダイナミクス」渡邉真理子編『中国の産業はどのように発展してきたか』勁草書房、２０１３年、p. 120。

7、ロバート・ゴードン（高遠裕子・山岡由美訳）『アメリカ経済――成長の終焉』下巻、日経ＢＰ社、２０１８年、p. 210。

8、Evans, D. S., "Antitrust Economics of Free," *Competition Policy International*, Spring 2011.

9、二階堂遼馬・緒方欽一・中島順一郎「ＡＩの開発を加速　グーグル次の標的」『週刊東洋経済新報』第６８３２号、２０１８年12月22日、p. 30。

10、Newman, N., "Taking on Google's monopoly means regulating its control of user data," *Huffington Post, The Blog*, September 24, 2013.

11、アレックス・モザド／ニコラス・Ｌ・ジョンソン（藤原朝子訳）『プラットフォーム革命――経済を支配するビジネスモデルはどう機能し、どう作られるか』英治出版、２０１８年、p. 143。

12、前掲書、p. 116。

13、経済協力開発機構（ＯＥＣＤ）編（大磯一・入江晃史監訳）『ＯＥＣＤビッグデータ白書――データ駆動型イノベーションが拓く未来社会』明石書店、２０１８年、p. 202。

14、U.K. Office of Fair Trading, *Assessment of Market Power: Understanding Competition Law, Competition Law Guideline*, Office of Fair Trading, 2004, p. 9.

15、ＯＥＣＤ編、前掲書、p. 202。

16、Cooper, J. C., "Privacy and antitrust: Underpants gnomes, the First Amendment, and subjectivity," *George Mason Law & Economics Research Paper*, No.13-39, June 21, 2013.
17、Bosker, B., "The Binge Breaker," *The Atlantic*, November 2016 Issue.
18、この点で、最近の一般向けの読み物（たとえば、スコット・ギャロウェイ〔渡会圭子訳〕『ｔｈｅ ｆｏｕｒ ＧＡＦＡ――四騎士が創り変えた世界』東洋経済新報社、２０１８年）が、ＧＡＦＡの「魅力」を強調するのは理由がある。このほかにも、ＧＡＦＡが意図的に「中毒性」を引き起こしているという批判は多数ある。ＹｏｕＴｕｂｅのレコメンダル・システムは視聴時間によって最適化されているという指摘もある（Lewis, P., "Fiction is out performing reality: how YouTube's algorithm distorts truth," *Guardian*, February 2, 2018.）。これは確証バイアスに拍車をかける。
19、２０１８年は、ＧＡＦＡへの社会的規制が課税・競争法・プライバシー権の保護といった複数の異なる領域で国際的に議論された。しかし、同年12月に開催されたG20ブエノスアイレス・サミットでは国際的なデジタル課税制度の整備に連携していくことは確認したものの、ＧＡＦＡを抱えるアメリカやＢＡＴを抱える中国の消極的態度によって、具体的な措置については合意できなかった。その一方で、イギリスとフランスは単独で巨大ＩＴ企業へのデジタル課税を検討する動きをみせている（戸田雄「ＩＴ課税機運じわり　低税率国に拠点『税逃れ』に不満」『読売新聞』２０１８

年12月31日付朝刊)。また、日本政府は個人情報や購買履歴などのデータは金銭と同様に経済的価値をもつとするガイドラインにもとづいて独占禁止法の運用範囲の拡大を打ち出した(日本経済新聞「個人との取引にも独禁法　政府IT規制へ基本原則　データに『金銭価値』」『日本経済新聞』2018年12月19日付朝刊)。この反応は、高額地代の是非をめぐり、リカードとマルサスが激しい議論を交わした19世紀の穀物法論争を思い起こさせる。なお、デジタル課税制度の整備にむけた国際的な連携の背景については、拙稿も参照されたい(森原康仁「オープンカレッジ　G20ブエノスアイレス首脳会議　デジタル課税での連携の背景」『中部経済新聞』2019年1月8日付)。

20、インターネット規制の専門家は、GAFAをはじめとする「デジタル・スーパースター企業」がビッグデータを用いて独自の意思決定アシスタントに学習させる結果、消費者の好みや取引をプラットフォームの運営者が集権的に管理するようになっていると指摘したうえで、こうしたプラットフォームはレジリエントで分権化された伝統的な市場取引と異なり計画経済に近いと述べている(ビクター・メイヤー＝ショーンベルガー/トーマス・ランゲ(竹下興喜監訳)「デジタル企業の市場独占と消費者の利益――市場の多様性とレジリエンスをともに高めるには」『フォーリン・アフェアーズ・リポート』2018 №10)。これは意図的な攻撃や偶発的な障害に弱いので、GAFAのデータ寡占は資本主義的市場にとっても重大なリスク要因となる。

21、日本経済新聞社編『ネオ・エコノミー――世界の知性が挑む経済の謎』日経ＢＰ社、２０２０年、pp. 69-70。
22、ＯＥＣＤ編、前掲書、p. 246。
23、日本経済新聞社「改正個人情報保護法とは　データ利用の急拡大に対応」『日本経済新聞』２０２０年7月16日付朝刊。
24、以下、「企業行動憲章」の引用は、すべて日本経団連ウェブサイトによる。
25、ミルトン・フリードマン（村井章子訳）『資本主義と自由』日経ＢＰ社、２００８年、p. 249。
26、農業・環境分野の事例として、久野秀二「多国籍アグリビジネスとＣＳＲ――社会・環境基準の導入と普及をめぐる問題点」『農業と経済』第6号、２００９年、を参照されたい。
27、ＱＵＩＣＫファクトセットによれば、ＧＡＦＡ4社合計の売上高税引き前利益率は２０１８会計年度において20・8％だった（『日本経済新聞』２０１９年2月6日付朝刊）。一方、日本の代表的なＩＴサービス企業であるＮＴＴデータの売上高営業利益率は5・8％である（２０１８年3月期決算）。両者を単純に比較することはできないが、ＧＡＦＡの利益率がいかに高いかが理解できるだろう。
28、Andrew, J. H., “Alphabet’s Sidewalk Labs shuts down Toronto smart city project,” *The Verge*, May 7, 2020.

なお、都市経営を私企業に任せるのは大きな問題があると思われる。齋藤純一氏によれば、公共性には、「公的な official」という側面、「すべての人びとに関係する共通もの common」という側面、「だれにたいしても開かれている open」という側面の3つがあるが、私企業にはこのいずれもが欠けているか、あるいは私企業は部分的にしか満たしていない（齋藤純一『公共性』岩波書店、2000年、pp. viii-ix）。

29、かつて筆者は「技術への人びとの参加」という観点から、ラングドン・ウィナーの『鯨と原子炉』（吉岡斉・若松征男訳、紀伊国屋書店、2000年）を引用しつつ科学技術政策のあり方を論じたことがある。「科学者（や知識人）が『合理性』を追求すればするほど、科学技術や科学技術政策から市民社会を遠ざけてしまうのである。その意味で科学者（や知識人）は、『効率とリスク』の陰に隠れた問題群を意識して取り上げる責務がある。真に市民生活に寄与する『イノベーション』の実現を望むなら、人びと（パブリック）が技術的な問題に参加する権利が保障されなければならない」（拙稿「科学技術政策を考える」岡田知弘・岩佐和幸編『入門　現代日本の経済政策』法律文化社、2016年、p. 209）。

著者プロフィールと執筆分担（50音順）

歌川学（うたがわ・まなぶ）第４章
産業技術総合研究所主任研究員。東京都生まれ。東北大学大学院工学研究科機械工学専攻博士前期課程修了、博士（工学）。専門は環境工学、省エネ技術普及の評価を研究している。著書に『スマート省エネ―低炭素エネルギー社会への転換』（リーダーズノート、2019年）など

佐藤拓也（さとう・たくや）第１章第１部、第２章第１節
中央大学経済学部教授。東京都生まれ。博士（経済学）中央大学。カナダ・ブロック大学客員研究員などを歴任。専門は独占資本主義論、サービス経済論。"Marxist Economics: On Freeman's New Approach to Calculating the Rate of Profit," *Journal of Australian Political Economy*, No.75（2015）など。

田辺麟太郎（たなべ・りんたろう）第３章
社会保障問題研究者、「支え合う社会研究会」事務局長。大阪府生まれ。英イーストアングリア大学院で開発学のMA（修士号）を取得。主に、途上国の開発計画や貧困問題を研究。民間会社で東南アジアの開発計画に従事。現在は在野で中小企業論、社会保障論などを研究している。

村上研一（むらかみ・けんいち）第１章第２部、第２章第２節
中央大学商学部教授。神奈川県生まれ。博士（経済学）関東学院大学。専門は経済理論、日本経済・産業論。横浜市立高等学校教諭、都留文科大学准教授を経て現職。近著に『再生産表式の展開と現代資本主義―再生産過程と生産的労働・不生産的労働』（唯学書房、2019年）

森原康仁（もりはら・やすひと）第５章
専修大学経済学部准教授。岡山県生まれ。京都大学大学院博士後期課程修了。京都大学博士（経済学）。専門は国際経済論、産業論、国際経営論。著書に『アメリカIT産業のサービス化』（日本経済評論社、2017年）など。巨大IT企業の事業活動が社会経済に与える影響を研究。

支え合う社会研究会

本書のテーマの研究を目的に経済学者などと在野の研究者でつくるグループ。誰が支えるかという「自助・共助・公助」論の角度からではなく、個人の尊厳を基礎にした全員参加型コミュニティ（共同体）の現代的、日本的な展開を研究する。執筆者以外に次のメンバーがいる。

板垣隆夫（いたがき・たかお）
（一社）監査懇話会理事。和歌山県生まれ。元住友化学㈱内部監査部長、元日本オキシラン㈱常勤監査役。企業統治論や内部統制論に関心。

平松民平（ひらまつ・たみへい）
㈲T＆C社勤務、基礎経済科学研究所理事。東京都生まれ。元ソニー㈱中央研究所勤務、情報産業を通した現代資本主義の理解に関心。

資本主義を改革する経済政策

2021 年 1 月 8 日　第 1 刷発行

編著者　ⓒ支え合う社会研究会
発行者　竹村正治
発行所　株式会社　かもがわ出版
〒 602-8119　京都市上京区堀川通出水西入
TEL 075-432-2868 FAX 075-432-2869
振替　01010-5-12436
ホームページ　http://www.kamogawa.co.jp
印刷所　シナノ書籍印刷株式会社

ISBN978-4-7803-1133-4　C0033